基于新媒体环境的大学生思想政治教育研究

翟霖森　著

北京工业大学出版社

图书在版编目（CIP）数据

基于新媒体环境的大学生思想政治教育研究 / 翟霖森著. — 北京 ： 北京工业大学出版社，2020.7（2021.5 重印）
ISBN 978-7-5639-7572-3

Ⅰ. ①基… Ⅱ. ①翟… Ⅲ. ①大学生－思想政治教育－研究－中国 Ⅳ. ①G641

中国版本图书馆 CIP 数据核字（2020）第 136400 号

基于新媒体环境的大学生思想政治教育研究

JIYU XINMEITI HUANJING DE DAXUESHENG SIXIANG ZHENGZHI JIAOYU YANJIU

著　　者：翟霖森
责任编辑：李　艳
封面设计：点墨轩阁
出版发行：北京工业大学出版社
（北京市朝阳区平乐园 100 号　邮编：100124）
010-67391722（传真）　bgdcbs@sina.com
经销单位：全国各地新华书店
承印单位：三河市明华印务有限公司
开　　本：787 毫米 ×1092 毫米　1/16
印　　张：10
字　　数：220 千字
版　　次：2020 年 7 月第 1 版
印　　次：2021 年 5 月第 2 次印刷
标准书号：ISBN 978-7-5639-7572-3
定　　价：58.00 元

前　言

在新媒体技术的快速发展下，教育部门对大学生思想政治教育也提出了新的发展要求。为保障思想政治教育工作效益，借助新媒体技术的便利特点创新思想政治教育教学模式，对大学生的综合发展具有重要作用。基于此，本书结合新媒体环境对大学生思想政治教育的影响分析，重点探究如何创新思想政治教育工作模式，以供相关研究参考。

目前，大学生思想政治教育工作存在“说起来重要，做起来次要”问题，相比其他学科其教学效益并不突出。随着高校扩招、学生数量剧增，重视大学生思想政治教育的队伍建设对其全面发展具有重要作用。在日常教学中，教育工作者需要从学生的角度出发，利用新媒体技术构建与学生和谐相处的师生关系；结合网络教学平台，灌输正确的价值信念，在辅助学生提升思想境界的同时，与学生同进退、共发展，提升业务素质和教学效益。例如，组织学生到红十字会、医疗机构去顶岗实习，让学生体验真实的服务生活，探求知行合一的思想境界；让学生事后撰写个人经验感悟，经过教师批改后发布到校园广播平台、微信公众号上，并鼓励其他学生积极投身于公益服务活动，完善思想政治教育工作体系。

新媒体是现实生活与虚拟生活相互交替的工具系统，利用新媒体创新大学生思想政治教育理念，需要注重现实生活与虚拟生活的协调，让学生走出虚拟情景、深入现实生活。首先，营造良好的思想政治教育氛围，引导学生树立理性思考价值观。其次，注重精细化管理，彰显理性教学特色。在实际管理中，选择优秀学生代表、优秀团员及党员，从学生个体出发，引入精细化管理理念，建立在线交流互动体系。最后，从社会实际生活出发，注重与知识体系的融合效益，杜绝“高分低德”现象。比如，以“老人摔倒要不要扶”为话题，组织学生开展话剧制作、辩论演讲活动，联系自身实际生活表达对此话题的看法，鼓励学生积极参与，引导学生养成理性思维习惯。

目　录

第一章　大学生思想政治教育理论探索

第一节　大学生思想政治教育主要问题

现今社会在不断地进步，对人才的需求也不断地变化。这也改变了对高校毕业生就业的标准，有些岗位的需求正在减少，甚至由于时代在发展，又出现了一些新的工作职位，一些旧的职位已经被取代。大学生思想政治教育要与时俱进，要有新思想、新理念。我们生活在一个发展极其迅速的信息化社会，要有灵活的头脑，要学会随机应变，我们要时刻跟上时代发展的脚步。

一、大学生思想政治教育中的基本问题

要想落实学生教育问题就要先对学生负责，这是高校根据社会主义事业的发展对学生进行思想政治教育的要求。是在学生现有的思想基础上，有目的、有针对性地对学生进行教育。让学生拥有一个正确的价值观，使他们能够正确认识这个世界。能否教育好他们成了高校思想政治教育的关键，对他们以后的发展起到重要作用。

尽管大学是一个小社会，但由于大学生尚未真正走进社会，缺乏生活经验。加之学校对他们的思想政治教育不到位，使他们难以与青年大学生形成共鸣。这样，高校的教育也就只能是纸上谈兵，费了力气却没有效果。从大学生的角度来看，花了时间却得不到收获，也便没有了学习这门功课的兴趣，甚至对这门功课产生了厌烦，从而挫伤了他们的积极性，不愿意去学习。这样的话，如何使学生对思想政治课程感兴趣这个难题就留给了老师。

高校思想政治教育内容过于复杂，使得学生对学习的内容无法理解，更不懂该怎样去利用好它，这样学生不能认识思想政治教育课的存在意义会使他们对学习失去兴趣。没有兴趣去学习，不仅学习没有效果，也会影响他们的身心健康，不利于其成长。所以，培养学生的学习兴趣是特别重要的。

现在的思想政治教育课应具有时代感，现在是信息化时代，我们要与时俱进，一些老套的东西已经不适用了。如果长期这样下去，学生掌握的内容就会出现过于片面的问题。当他们择业后面临对自己的工作时，与别人的业绩水平也会相差很多。这样他们的路也会坎坎坷坷，他们会自卑，甚至对自己失去信心。自身的一些问题也会影响思想政治教育的效果。

二、影响大学生思想政治教育的因素分析

影响大学生思想政治教育的原因大体分为两种：一个是自身的原因，另一个是环境因素。所谓自身和环境因素，就是思想政治教育活动以内或以外对学生的影响。

外部因素即社会中发生的一些事，对这些身心发展尚未健全、思想观念并不成熟的学生来说，无法正确认识而形成了错误的理念。比如暴力、赌博这些不良行为的出现，对他们造成了不好的影响。如果不及时对其进行正确的思想政治教育，身心不能健康发展，对他们的人生及以后的生活会有很大的影响。

内部因素指一些思想政治教育活动对学生的影响很大。国家十分重视大学生思想政治教育，学校也在不断地加大在这方面的投资，以取得更好的成效。但也不可否定的是，一些高校负责人存在着轻视思想政治教育工作的问题。这样使高校思想政治教育工作的效果不尽如人意，频繁出现问题。

三、如何解决大学生思想政治教育中的问题

若要让大学生思想政治教育课变得有实效、有成果，关键就在于如何让学生自己对这门课程产生兴趣，并且对自己有信心。有了信心，他们便会有动力去学习，具有自主性。学生们对自己的未来充满了向往，并为了未来而努力奋斗。这样高校的思想政治教育效果将更加明显。

大学生思想政治教育课程应该更加生动，比如举办一个主题班会，让大家都积极地参与，让学生自己学会学习。这样学生的学习动力会被带动起来，课堂气氛也会变活跃，而且能够有效地促进大学生正确的人生价值观、世界观和择业观的形成，为走向复杂、充满挑战的社会增强了信心。这会使高校在思想政治教育方面的效果更加明显。

要跟得上时代的脚步，我们应与时俱进。要有新思想、新理念，让学生与社会产生共鸣，满足社会的需求，这样学生的未来才会有保障，他们才会踏踏实实地努力，他们的未来才会一片光明。他们知道了社会中需要什么样的人才，并为之奋斗。增强了学习积极性，他们才会不断地为了自己想要的而努力，这样他们的实力也会不断地增强，这对以后的择业及择业之后提升工作能力会有很大的帮助。

想要更好地解决这一问题，最重要的一点就是增强学生的集体合作意识，让学生们学会和他人进行交流，互相帮助。现在的很多学生集体意识很差，总是以自我为中心，只为自己奋斗。缺乏集体责任意识，不顾他人的利益，把自己的利益放在首位，甚至有的人觉得如果不为自己，那应该为谁呢？这样的想法使得学生与同学、与老师之间的关系极其疏远。因此，同学与同学、同学与老师、同学与社会人之间都应该建立一种和谐的关系。这对于增进身心健康、促进团体合作、提高学习效率有很大的帮助。

本节主要探讨了大学生思想政治教育中所遇到的问题及原因，有学校的因素，有学生

自己的因素，也有因社会发展带来的问题。这些问题主要是社会在进步，学校的教育模式没有跟上，教育理念太旧，教学过于死板，使学生丧失学习信心与兴趣，社会的需要不能被满足所致。因此，要想解决这个问题，我们应该跟上时代的脚步。学校领导要跟得上社会脚步，灌输新思想新理念，使自己的学生思想灵活、思维敏捷。而且，要创造出一个适合学生们成长的环境。学生应该和时代共同进步，提升自身能力，与社会相适应，正确认识自己的不足之处，学会向别人学习。与社会和睦相处，要以大局为重，要学会以集体利益为重，考虑大局，识大体。不要只想着自己的利益，增强集体责任意识。这样，才会与社会和谐发展。师生之间要不断地交流，要不断地互动，学生与老师之间的关系在培养学生学习兴趣时有很大的帮助。有了兴趣，积极性也便有了。这样一来，学习效果也就明显了。大学生思想政治教育工作不光是老师自己的责任，更需要学生与老师互动，与社会紧密接触。使学生了解社会现在的发展趋势，确定自己努力的目标，是老师应该指导学生进行的工作。只有学生了解了社会、认识了社会，了解大千世界的发展需求，才会有目标、有方向。这样，思想政治教育才会在高校中发挥作用。

第二节　大学生思想政治教育的现状与改进方法

习近平总书记曾经指出，要树立正确的人才观，尽可能培育以及践行社会主义核心价值观，在人才培养方面应该注重质量。弘扬劳动光荣、技能宝贵的时代风尚，尽可能为培养人才奠定坚实基础。

所谓的思想政治教育，实际上就是指在社会以及社会群体的发展进程当中，通过对其进行思想方面的规范、思想理念的养成、道德规范的约束等，形成具有一定计划性与组织性的社会道德品质。通过正确的价值观念引导以及正确的理论灌输，可以切实提升其道德品质。高校作为人才培养的关键场所，如何切实有效地培养人才，确保人才更加符合国家的培养要求以及社会进步要求，是未来我国高校思想政治课程开展的重点，更是我国进行社会主义精神文明建设、确保我国社会不断进步与发展的关键。

一、大学生思想政治教育的现状

高校思想政治教学模式陈旧、课程设置不合理。当前，我国高校思想政治教学内容陈旧，大多数教师仍然是在教科书的指导下，过度重视课本知识的讲授，枯燥乏味，忽略热点、难点和疑点问题，也忽视了对大学生世界观、人生观、道德观、价值观及其他方面的教学，学生的政治素养和社会综合实践能力并未得到有效提高。而且，现阶段高校课程设置也存在一定的不合理性，主要体现为现阶段思想政治课程较少，高校没有真正意识到开展该课程的重要性。有的学校甚至把思想政治课放在晚自习，这严重影响了学生思想政治课的教学质量。

高校思想政治教学力量薄弱。目前，我国高校在逐年扩招，大学生数量也相应逐年增加。但另一方面，师资力量却没有同比增长。因此，中国的许多高校均存在师资力量薄弱的问题，思想政治教育尤为严重。现在的高校均选用一些较年轻的教师甚至是辅导员来负责学生的思想政治教育工作，这些老师相对缺乏工作经验、工作方法，十分不利于大学生思想政治课教学的顺利进行。

高校思想政治教学缺乏针对性。由于大学生个体差异相对较大，这就要求高校在开展思想政治课的时候必须要意识到这些差异。目前的高校思想政治课程缺乏对学生个体的针对性，在进行教学的时候也没有形成因材施教的方法，这也造成了许多高校该课程的开展缺乏相应的原则作为指导。很多高校并未坚持以人为本的原则，类似于“教育工厂”，在教育工作中依然不注重发展学生的个性。因此，很多学生的个性差异没有得到重视，被动地接受知识，导致很多学生对思想政治教育工作的参与度较低。

二、未来改进大学生思想政治教育的方法

（一）加强校园文化建设

首先，应当丰富校园文化教育活动，可通过定期邀请受大学生欢迎的专家开展有关爱国主义教育的知识讲座，组织全体大学生观看爱国主义教育的电影等。其次，从大学生社团管理的角度出发，应该尽可能制定符合社团特点的规范和管理要求，传递更多正能量以形成更为正确与健康的社团文化。最后，加强校园网络管理。可以利用互联网进行一些信息的发布和传递。尤其可以对现阶段比较热门的热点事件以及相对典型的人物事迹进行宣扬，这样其身上所具有的正能量将会成为大学生学习的榜样；同时也可以对大学生进行积极的社会主义核心价值观教育和培养，对于提高大学生思想认知能力，避免涉黄、涉黑等负面内容的侵蚀具有极其重要的作用。

（二）改变教学观念，加强教师队伍建设

高校思想政治教育取得成效的关键在于加强教育队伍建设。高校不仅要加强思想政治教育课教学老师的队伍建设，给予教师广阔的发展空间，提高教学老师的综合素质和工作积极性。同时，还要重视对辅导员和班主任这类一线工作人员的能力培养，比如可以定期对班主任以及相关的教学工作者进行一些政策方面的解读和引导，这样对其后续对学生的教育教学有一定的推进作用。另外，还可以通过主题报告的形式使得学生积极参与其中，提高学生对思想政治教育的全面认知能力。

（三）改进教学方法，注重主动性和娱乐性教学

高校思想政治教育应当注重增强学生对思想政治知识的渴望和追求热情，让学生主动、积极去开拓自己的知识面。因此，在教学过程中，应当将大学生思想政治教育与社会热点密切地结合在一起，或是通过寓教于乐，使学生在学习中获得精神享受，从而受到教育。

随着社会的不断发展和进步，大学生思想政治教育的现状是比较复杂的，思想政治教育面临新的挑战。我们要应对挑战，以积极的态度改变传统的教学方式，在科学发展观的指导下加强高校思想政治教育，保证社会主义改革的正确方向，为社会主义建设输送优秀人才。

第三节　新时期大学生思想政治教育工作

随着社会发展与进步，思想政治教育工作成为社会重点关注的一方面，特别是新时期的思政工作对大学生形成正确三观起到重要作用。在新时期，由于受到各种因素的影响，大学生思想政治教育工作也面临诸多挑战。因此，本节对大学生思想政治教育面临的问题进行分析，继而提出加强大学生思想政治理论教育、探究多元教学模式与平台、积极组织各项思政教育活动，并在开展思政工作中务必要树立理论联系实际的观念，从而推动我国高校思政工作再上一个新台阶。

大学生是国家的希望、民族的未来，因此，不断加强大学生思想政治教育工作意义重大。而在新时期，由于受到多元文化影响，大学生的思想发生变化，个性化的特征日益显现。大学生思想状况与国家和谐发展紧密相关。在这种情况下，高校对大学生的思政教育工作必不可少，本节就当前思政教育工作面临的问题进行分析并给出一些建议。

一、新时期大学生思想政治教育的诸多问题

出现学生过于追求个性化的状况。当前部分大学生思想还未完全成熟，可以在思想政治方向上来提高大学生的思想素质。由于网络媒体的快速发展，大学生能够接收到各种各样的网络信息，这些信息或多或少都会影响着大学生的世界观、人生观和价值观。大学生要培养独立性，盲目跟风不可取，只有使大学生形成独立人格，才有利于学生身心健康发展。大学生是具有蓬勃朝气的一代年轻人，只有提高大学生的思想素质，才能紧跟时代发展潮流，有利于社会发展。

自我意识感比较重，心理承受能力薄弱。新时期大学生多为独生子女，独生子女从小就处于家庭的中心地位，可以说是在温室里长大的。这种类型的孩子需要着重培养他们的抗压能力，当面对困难和挫折时，要坚持扛过去。独生子女由于从小就自己一个人玩耍，

长大后或多或少会面临与很多同学、朋友交往的问题，培养他们的团队意识极其重要，要让他们明白团队合作的重要性；另外，提高他们面对挫折的抗击打能力也是非常重要的，可以帮助大学生更好地应对心理问题。

大学生朝气蓬勃，在刚进入大学时，相信每个大学生都对未来有极大憧憬。但是一部分大学生慢慢地在学习生活中，可能就忘记了自己最初的目标。有了梦想还不够，要加上100% 的努力才可能最终获得成功。要仰望星空，但还要脚踏实地。可以根据自己的大目标订立每天的小目标，让自己每天都处于学习状态，这样才能不负青春、不负韶华。

二、新时期大学生思想政治教育工作应对方法

加强大学生思想政治理论教育。当前我国已进入新的发展时期。在新形势下，为落实十九大颁布的方针政策，实现全面建成小康社会目标，不但需要全体党员的努力，还需要新一代青年共同奋斗。目前，我国对创新型且具有社会责任感的人才需求日益增大，我国高校学子处在时代发展的中心，自我意识强烈，是我国创新型人才构成的主力军。而高校则承担了培养我国新一代青年的重要使命。在高校教育中，要不断加强对学生的政治理论教育，提升其政治素养，使大学生全面真正理解我国的各项方针政策，加强对社会责任感的培养，让青年一代发挥巨大的作用。思想政治教育者应将创新意识的培养作为重要工作。在思政教育中，要因材施教，注重学生的差异性，并提高学生的创造能力，注重对大学生爱国情怀和集体主义精神的培养，从而促进我国社会进一步发展。

探究多元教学模式与平台，丰富教学形式。高校作为开展思想政治教育工作的重要阵地，其良好的校园文化会对学生产生重要影响，不仅影响学生的思维方式，也对其价值观产生影响，并促进学生完善人格及遵守道德规范。因此，各个高校应加强校园文化建设，尤其要将思想政治教育相关内容融入校园文化建设当中。当今社会网络飞速发展，网络的运用为高校思政教育提供了新的发展模式，特别是新媒体的推广。新媒体因自身的优越性受到广大师生的喜爱，成为大学生日常接收和交流信息的重要方式。高校应充分借助新媒体的优势为高校思政教育工作的开展提供新的平台，充分调动学生在思政课上的积极性。当然，高校要加强运用科学的理论形成在网络思想政治教育中的主导地位，并建立严格的高校网络管理制度规范，在校园网中要经常主动发言，与学生加强交流互动，推动网络思想政治教育的良好发展。同时，高校也应及时了解网络舆论形势动态，要严格把控网络信息的真实性和思想性，坚决遏制网络中不良信息的出现与传播，引导大学生形成正确的价值观念，从而推动其全面健康发展。

积极组织多样性的思政教育活动。思想政治教育作为一种理论教育，在一定程度上本身具有抽象难懂的特点，和其他学科进行比较，在单一的学习过程中可能会相对枯燥无聊，只有在借助其他载体时才能更好地被学生理解。所以，我们要改变教学模式，进行教学方式的革新，这样我们的思政课堂才能由原来的枯燥无味变得生动易懂起来，学生学习的积

极性和效率也会大幅提高。可以举行一些大型的思政教育活动，比如举办研讨会、学术会、座谈会等方面的思政活动，并且邀请专业人士给学生分享他们的经验，为大学生提供有益的指导。另外，为了达到教育的目的，也要积极开展与思政相关的活动，通过活动的开展使学生积极参与其中，让学生能够更好地理解思想政治教育中的观念。从学生角度出发，大部分学生会更愿意在一定氛围中接受教育。比如高校可以举办话剧节，以话剧节的形式进行主题教育活动，并鼓励学生报名亲自参演。这种特别的主题教育活动能使学生切身体会到剧情中所蕴含的思想政治理念；也可以建立思政教育相关网站等，关心学生的内心世界，为他们排忧解难；鼓励学生积极投身社会实践，如主动参加公益活动、勤工俭学等。这样不仅丰富了大学生的课余生活，锻炼了能力；更重要的是他们的思想政治修养得到了显著提升，培养了大学生的创新能力和勇于奉献的精神，社会责任感得到加强，从而为我国的综合发展奠定了基石。

高校在开展思政教育工作时，要牢固树立理论联系实际的思想观念。对于大学生关心的现实和热点问题，在思想政治工作中要及时跟进，当下解决不了的问题，要及时向学生解释清楚。不能搞形式主义，要以学生为出发点，教师要将学生的发展与社会发展相结合，不断提高思想政治教育工作成效。大学生在思想上出现困惑，往往是由社会现实引起的。要想更好地解决实际问题，单凭说教是不行的，在这个时候就要充分发挥思想政治教育的作用，解决学生遇到的实际困难，最有效的办法就是将实际问题同思想政治教育结合起来解决。比方说，为促使我国生产力发展，当前我国鼓励并支持私营企业和外资企业的发展。它们的发展促进了我国经济的进步，在一定程度上改善了人们的生活。思想政治教育既要讲道理，又要联系实际、办实事。理论联系实际能够帮助大学生把晦涩难懂的理论知识与具体的社会实践相联系，通过直接运用思想政治教育理论及对社会生活实际的直接体验，将两者有效结合，从而加深其对思想政治教育内容的理解，继而提升和转变自己在生活中的思想观念，也是对自我的一次有效磨砺和考验。

在新时期，由于大学生思想意识的形成受到多种因素影响，所以，高校思想政治教育是一项极为重要的工作。高校需要综合分析和考虑各项因素，在全方位开展学生思想政治教育工作时，要与校园文化、网络媒体、社会实际相联系，营造一个良好的思想政治教育环境。思想政治教育工作者也应加强专业培训，明确其位置，自觉积极承担责任，秉持以学生为主且充分为学生考虑的原则来开展思想政治教育工作，不断提高自身的教学能力，促进学生对思想政治教育形成正确认识，引导学生走上正确的道路。大学生也要从自身做起，树立正确的三观，同时也要自觉抵制和远离不良思想，努力成为社会主义事业的合格建设者。

第四节　网络环境下的大学生思想政治教育

随着我国互联网的快速发展，网络已经成为人们日常生活中必不可少的一部分。在校大学生是在网络上冲浪的最大群体。大学生是国家未来的栋梁，是为国家发展做贡献的主力军，高校如果在思想政治教育上没有下功夫，没有为学生把关，后果将不堪设想。网络给高校的思想政治工作带来了极大便利，但是同时也带来了一些严峻的挑战。大学生思想政治教育利用网络可以让教师的教学效果更为显著，同时学生在学习的过程中也乐于接受新的教学媒介。网络是现在大学生最喜欢用的媒介之一，教师只有利用好网络这个媒介才能够让学生武装好自己的大脑，更好地进行学习、工作。网络环境庞大且复杂，如果教师对学生的思想政治教育不到位，就会让学生走上歧途，甚至有可能毁掉其人生。因此，教师只有通过提高学生对网络环境下思想政治教育的认识，才能让学生更好地利用网络来提升自己的素养和品质。

近些年来，网络技术发展迅速，给大学生带来了很大的便捷和帮助，但是也给高校的思想政治教育工作带来了巨大的挑战。网络教学带来的机遇就是教师可以通过对网络的综合应用，结合思想政治教学内容，对教学过程中出现的问题进行归纳总结，然后就可以改进教学方法，实现教学内容和教学形式的突破。而网络技术带来的挑战是现在网络涵盖的信息十分庞杂，学生难以对网络中的信息进行有效筛选，没有办法很好地辨别哪些是好的信息、哪些是不良信息；不良信息对学生的身心健康造成了重大的影响，同时让学校的思想政治教育工作也停滞不前，没有新的突破。网络世界的信息真假难辨，在真实的信息中混杂着许多不健康的信息和内容并试图扭曲学生的思想认识。但是网络世界也拥有大量有益资源，如果高校辅导员能够加强对学生的思想政治教育工作，灌输正确的文化理念，就可以让大学生纠正错误的观念和认识，端正自己的态度，使得大学生的思想政治教育工作持续健康发展。

一、网络发展对大学生思想政治教育工作的影响

网络是把双刃剑，如果能够将网络的积极作用发挥出来，网络就会成为教师教学的好工具，成为学生学习的好帮手。但是如今随着网络在学生中使用频率的不断提高，学生还是会通过网络接收到许多不良信息。这些不良信息影响着学生的身心健康，让学生的政治思想觉悟越来越低。所以教师在学生的思想政治教育过程中要加强与网络教学手段的结合，而不是一直采用传统的教学方法。在教学过程中教师要引导学生正确辨别网络中好的内容和不好的内容，引导学生学会将不好的内容过滤，以免毒害学生的心灵。教师要将网络与高校的思想政治教育工作有效地结合起来，促进学生形成正确的世界观、价值观和人生观。

网络教学与思想政治教育工作的结合是一个相辅相成的过程，它能够促进教学模式的转变，可以让思想政治教育更加贴近学生的日常生活，扩大网络平台在学生生活中的应用范围，也能够活跃课堂气氛，让学生更容易接受思想政治教育。

二、网络环境下教师开展大学生思想政治教育工作的措施

（一）加强学生的思想意识，提倡健康上网

现在互联网技术正处于高速发展时期，网络逐渐渗透到大学生学习生活的方方面面，已经成为大学生学习和生活中必不可少的工具。大学生在校期间，由于可自由支配的时间较多，就会出现沉迷于网络的情形，导致自身思想意识扭曲、学习成绩下降、身体变差等情况。网络是把双刃剑，如果能够合理运用，将会成为大学生学习和生活中的好帮手。但是如果运用不当，就会让学生接触错误的思想和理念，走上错误的道路。目前互联网上的资源十分丰富，教师应该紧跟随时代发展的潮流，及时从网络上获取最新的思想政治教育资料，让思想政治教育能够紧跟时代的步伐，让学生的思想政治觉悟始终保持在一个较高的水平。教师可以给学生观看网络传播的热点事件以及政治事件，让学生在观看过程中形成自己的理解，从而武装好自己的大脑，让自己的思想层次更高，同时对社会现象有正确的认识和理解。网络资源庞大而丰富，网络上有很多学生需要的资源，如果学生具有良好的意识和观念，就可以在网络中学到许多有用的知识，并树立正确的上网观。辅导员应该引导学生去看一些有意义的视频，浏览一些健康有用的网站，通过网络来加强学生对时事政治的了解和认识，查阅对学习有帮助的资料。并且辅导员应该帮助学生培养优良品质，提升大学生的自控能力和自我约束能力。学生也应该有意识地控制上网时间，以免沉迷于网络。学生需要进行自我监督和同学之间的互相监督，以合理地调控自己的上网行为，利用自身良好的控制力和意志力来抵制网络上的不良信息，将上网的时间控制在合理的范围之内。

（二）利用新媒体开展思想政治教育

从目前来看，一些高校思想政治教师对网络仍充满偏见，认为网络对大学生的思想政治教育工作有百害而无一利。学生在网络浪潮的冲击下，对传统思想政治教育工作的接受度普遍下降，而对利用新媒体的思想政治教育工作接受程度比较高。所以，利用新媒体来开展思想政治教育工作迫在眉睫。利用网络来进行思想政治教育是现代化技术手段与传统思想政治教育结合的产物，能够使思想政治教育工作更加高效和便捷。教师在对学生进行思想政治教育教学时，要积极利用多媒体进行课程教学，多利用图片、文字以及视频、音频让学生对思想政治课程更加感兴趣。教师要借助网络平台，根据学生的具体情况以及学习特性，对学生有针对性地进行教学，对思想政治教材的精髓进行重点讲解，使学生不仅

能够听进去，还能够吃透思想政治教育的精华部分。然而部分教师对新媒体教学手段运用得不够得心应手，没有意识到当下运用新媒体的重要性，不能满足时代发展的新要求。所以高校思想政治教育工作人员应该主动学习新媒体技术，充分发挥新媒体在高校思想政治工作中的作用，让学生能够更高效、更容易地接受政治思想教育。高校也应该适时开展对教师网络技术技能的培训工作，让教师能够学习更多的网络知识，这样才能够适应当今世界发展趋势，了解学生的喜好，也就能够更好地在网络世界开展思想政治教育工作。利用新媒体进行思想政治教育，不仅能够让学生更加容易接受，还能够使思想政治教育的成果更加丰硕。

（三）加强监管，普及网络思想政治教育

我国的法律在网络监管方面尚不完善，力度尚且不足，这使得网络上经常会有一些思想倾向错误、思想观念不正确的文章出现，也会有人发表不当言论。更有甚者，会出现“网络暴力”，后果相当可怕。网络道德已经成为社会道德的一个重要组成部分，如果对网络上出现的问题不加以及时解决，那么大学生思想政治教育将遭到严重的打击。高校必须要成立专门的网络监管小组，加强对于校园网络的监管力度，让一些不正确的思想、言论等远离校园，远离学生。如果学生在思想上出现不好的苗头，高校教师应该及时进行教育，将这种不正确的思想及早地扼杀在摇篮之中。教师应该不定期地举办思想政治教育大会，对大学生进行思想教育，提升学生的政治思想觉悟，以保证学生始终在正确的道路上。同时，高校教师应该坚守住思想政治的舆论高地，建立相应的网络道德体系，从而确保学生在网络中的思想道德素质也能够得到快速提高。

网络已经渗入每个人的生活中，高校教师应该在复杂的网络环境中寻找进行大学生思想政治教育的新方法和新途径。在保证传统思想政治教育工作顺利开展的前提下，利用网络的便捷性和高效性开展大学生思想政治教育工作。网络思想政治教育是先进技术与思想政治教学相结合的产物，是思想政治教育工作信息化发展的具体体现。通过网络教育来进行大学生的思想教育工作，能够让教学理念、教学方法、教学内容得到质的提升，对于思想政治教育工作的优化以及更新产生积极的正面影响。目前网络上的信息良莠不齐、真假难辨，教师应该教会学生如何去辨别不良信息，并通过一定的手段和方法监管网络，这样才能够让学生的思想觉悟得到有效提高，也更加有利于思想政治教育工作的顺利开展。只有保证网络世界的有效净化，才能够使大学生树立正确的世界观、人生观、价值观，拥有正确的政治观念，才能够让学生的思想觉悟得到提升。

第五节 大学生思想政治教育的“三化”路径

高校是思想政治教育的重要阵地，根据高校教学的现状以及思想政治教育工作特点，高校思想政治教育工作开始走生活化、系统化、现代化的发展道路。将大学生思想政治教育工作贯穿于课堂教学、学校管理、文化建设、社会实践等各个环节，确保能够从教育内容、教育方法等方面实现全过程育人、全员育人、全方位育人。基于我国实践需求，当前实现大学生思想政治教育的“三化”建设是大势所趋，开展“三化”实践活动更是要求高校能够不断探索、总结经验，开创我国高等教育事业发展新局面。

一、大学生思想政治教育的“三化”内涵和特征

①大学生思想政治教育的生活化。当前大学生思想政治教育工作的“生活化”改变了传统意义上的理论课程内容，继承了马克思主义唯物辩证法，融合了人本主义心理学和认识发展理论。这将使思想政治教育更加合理地指导大学生的社会实践活动，更加有力地提升学生综合素质，更加全面地促进学生健康发展。思想政治教育生活化要求教师在思政课上能够通过实际的生活案例展开对知识的讲解，并且引导学生正确地运用理论知识去解读社会中各种现象及问题。通过采用生活化的教学方式，思想政治教育内容不再高高在上，而是落到每一个学生的实际生活中，让它们成为引导学生积极生活的指路明灯，实现全过程育人目标。

②大学生思想政治教育的系统化。大学生思想政治教育工作是一项综合性工作，其开展涉及学生、老师和教育教学的各个环节，因此需要全员参与、全方位覆盖，并且在大学生思想政治教育的各个环节中相互联系、相互制约。这可以很好地指导实践活动。然而，当前因为缺少对课程的综合性统筹、系统化规划，导致学生对思政教育的理解停留在表面，使理论和实践脱节。仍有部分老师认为思政教育属于哲学社会科学范畴，因而未发挥其对其他课堂教学和思想文化阵地的育人功能。

③大学生思想政治教育的现代化。教育是社会进步发展的强有力的后盾，当前社会现代化进程进一步加快，教育也随之朝着现代化的方向发展。这就要求思想政治教育内容能够与时俱进，顺应时代的变化而进行调整；思想政治教育能够借助现代信息技术，创建更好的教学环境，采用更加先进的教学模式，提高课堂教学的质量；课堂教学关系要从传统的单一的教学主体转变为当前的双主体形式，发挥学生在思想政治教育中的主体性地位，激发其积极性和创造性。

二、大学生思想政治教育的“三化”路径及其实践探索

（一）大学生思想政治教育生活化的实现路径及实践探索

1. 教学内容、教学手段与学生生活实际相结合

实现思想政治教育生活化发展要求以学生生活实际为基础，尽可能地从学生生活的各方面挖掘物质载体、精神载体、课程载体等教育载体，并巧妙地将思想政治教育内容融入其中。这不仅可以不断拉近学生同思想政治教育理论知识之间的距离，还能大大加深学生对于思想政治教育内容的认同感，同时还能够增强教育的实效性和针对性。在传统的高校思政教育工作中，教师采用的是单纯文字讲解的方式，这种教学方式较为枯燥，学生的注意力容易涣散，学习兴趣会有所降低。因此教师要能够借助生活化的教学手段，激发学生学习的自主性，最大限度地发挥教师对学生的引导作用。

2. 教学过程与学生社会实践相结合

马克思主义哲学认为，实践是人们不断改造自然、改造社会的有意识的活动。把思想政治教育贯彻于社会实践中，从“价值引领、党团和班级建设、学风建设、学生日常事务管理、心理健康教育与咨询工作、网络文化建设、校园危机事件应对、职业规划与就业创业指导”等方面入手，对学生各方面产生潜移默化的影响。

（二）大学生思想政治教育系统化的实现路径及实践探索

1. 实现教育内容的系统化

高校思想政治教育包括政治法纪教育、思想道德教育、心理健康教育、形势政策教育、职业规划教育等多方面内容。因此，要求以“课程思政”为目标，优化课程设置，修订专业教材，完善教学设计，加强教学管理，挖掘各门课程所蕴含的思想政治教育元素，充分发挥各门课程所承载的思想政治教育功能，进而融入课堂教学各环节，实现思想政治教育与知识体系教育的有机统一。

2. 实现教育方法的系统化

要求能够统筹各类教育方法，根据学生阶段性特点以及教育内容特点，采用不同的教育方法。在新的时期，可以实现层次化教学，循序渐进地调动各类学生的主体性、积极性和创造性。如在进行校园文化建设时，将所有的工作设计为“学校设计为先，二级学院为主，专业教师为重，学生行为为本”四个梯度。各个主体分类推进，发挥主体性，使得思想政治教育效果得到提高。系统化教学不仅包括理论知识系统化，还包括教学计划的系统化和规范化。因此要设计系统化的教学计划，能够真正地让学生认识到进行思想政治教育的必要性，从思想政治教育课程中汲取力量。

3. 实现教育过程的系统化

恩格斯指出:“世界表现为一个统一的体系,即一个有联系的整体,这是显而易见的。”因此要遵循思想政治工作规律,遵循教书育人规律,遵循学生成长规律,让课堂教学、学校管理、文化建设、社会实践的各个环节都能够相互联系、相互影响,从而实现全过程育人目标。

(三)大学生思想政治教育现代化的实现路径及实践探索

1. 要求能够实现高校思想政治话语系统的创新

在多元文化发展背景下,当前有一些学生甚至开始怀疑思想政治教育的感染力以及辐射力。对此,大学生思想政治教育工作必须改变陈旧观念、创新教育模式,将当前的社会文化、校园文化等融入思政教育话语体系中,在确保思想政治教育的主导地位的同时,不断地满足新时期学生成长中的各种文化精神需求。

2. 要求能够创新教育载体

传统的思想政治教育主要在课堂上进行,但随着网络时代的到来,大学生思想政治教育的成效体现在网络平台上,因此要求在教育工作中将这一点纳入监管范畴内,对大学生的网络意识形态等做好监督管理。如当前创建的“学习强国”APP 正是思想政治教育新媒体发展的表现,通过将新媒体话语融入现代高校思想政治教育活动中,大大凸显出学生在社会中的话语权以及参与感。

3. 要求能够优化教育队伍

一支高素质的思想政治教育队伍是促进思想政治教育向现代化转型的关键。因此,高校应该大量地投入人力、物力和财力,建设现代化的教育队伍,进而构建有效的工作体系和工作机制,从而实现高校思想政治教育的“规范化、精细化、精准化”,有效促进思想政治教育现代化的实现。

综上所述,大学生思想政治教育的“三化”发展理论是新时期高校培养人才的创新模式之一,能够重新定位思政教育在高校教育教学活动中的地位和作用,能够实现对教学活动的整体改革,发挥思想政治教育的育人功能。“三化”理论是培养符合时代发展要求的新人才的重要理论基础,是实现中华民族伟大复兴的重要途径。新时代要求全体思想政治教育工作者能够对症下药,根据生活化、系统化和现代化的不同特征,提高对大学生思想政治教育的重视程度,真正在大学生思想政治教育工作中实现“三化”,最终实现“三全育人”。

第二章　当代大学生思想政治教育的学科经验借鉴

第一节　大学生思想政治教育对相关学科理论成果的借鉴

借鉴相关学科的理论成果，运用全局的视野来研究大学生思想政治教育的质量问题。加强学科建设不仅有利于实现新的时代条件下大学生思想政治教育的发展创新，而且对于研究者能力的提高也有着至关重要的作用。

一、对教育学的借鉴

思想政治教育学与教育学同属于教育科学体系，是教育科学体系的重要组成部分。

（一）借鉴教育学揭示教学规律的理论

教育学强调教育过程要遵循教学规律，教学规律是客观存在于教学过程中的不以主观意志为转移的本质联系。

1. 掌握传授知识与思想教育相统一的规律

教师在传授知识的过程中，无论传授的是哪方面的知识，总会或多或少地对学生的思想感情、立场观点、意志性格、道德品质等方面造成一定的影响，这也是学生接受德育教育的一种方式。另外，教师的思想品质、言谈举止、风度气质等个人特质，也会对学生产生潜移默化的教育影响。因此，在教学过程中教师应严谨治学、为人师表，通过自己的实际行动为学生树立良好的思想道德行为榜样，知行合一、言行一致。

2. 掌握知识和发展智力相统一的规律

学生掌握知识与发展智力、培养能力是辩证统一的，单纯地强调任何一种都是不科学的，因为无论是知识的单纯增长还是智力的单纯提升都难以提升学生的综合素质。大学生思想政治教育要尊重教育学的基本规律，在注重对大学生进行马克思主义基本理论知识传授的同时，还要加强大学生实践活动的开展，将其所学的知识转换为实践能力。

3. 掌握教师主导和学生主体地位相结合的规律

在教和学的统一活动中，教师应该充分发挥自己在教学中的主导作用，按照客观规律启发与引导学生去学习、认识和实践，充分激发其积极性。在教学过程中，教师的主导作用和学生的主体地位是辩证统一的，教师的主导地位并不是绝对的，在某些情况下教师也可以激发学生在大学生思想政治教育中的主体性，发挥其主导作用。

（二）借鉴教育学论述教学方法的理论

教学方法是教师和学生为了实现共同的教学目标，完成共同的教学任务，在教学过程中运用的方式与手段的总称，它既包括教师的教学方法，也包括在教师指导下学生的学习方法。教育学所论述的许多方法是行之有效的教育方法，非常值得大学生思想政治教育借鉴。

1. 讲授法

讲授法是教师通过口头语言向学生描绘情境、叙述事实、解释概念、论证原理和阐明规律的教学方法。讲授法是教师使用最早、应用最广的教学方法，其他教学方法的运用几乎都需要同讲授法结合进行。大学生思想政治教育者应重视自身口头讲授教育技巧和能力素质的培养，俗称“嘴皮子”功夫，以期获得良好的教育效果。

2. 参观法

参观法是根据教学目的和教学任务的要求，组织学生到一定的校外场所，使学生通过对实际事物和现象的观察、研究获得新知识的方法。参观将大自然、大社会作为活教材，能打破课堂和教科书的束缚，使教学与实际生活、生产密切地联系起来，取得良好的教育效果。大学生思想政治教育者要勤于研究学生的特点，借鉴参观法的特点组织革命传统教育、正反典型教育、改革开放成果展等参观活动，使得思想政治教育活动形式生动，教育富有成效。

3. 讨论法

讨论法是在教师指导下，由全班或小组围绕某一中心问题通过发表各自意见和看法，共同研讨，相互启发，集思广益地进行学习的一种方法。大学生思想政治教育者也应借鉴讨论法“以他人为镜”的宗旨来指导和丰富自身开展活动的形式，进行相关理论和现实中的热点、难点、疑点等问题的讨论活动，引导教育对象在集体教育和相互探讨的过程中完成更有成效的自我教育。

二、对政治学的借鉴

（一）借鉴关于国家与政党的学说

国家和政党学说是政治学的主要内容，马克思主义的国家学说和政党理论是确定思想政治教育任务和内容的重要依据。

1. 国家的起源、本质、职能与消亡

马克思主义创始人全面地考察了国家的起源，深刻地揭示了国家的本质。国家是一个历史范畴，是经济发展到一定阶段使社会分裂为阶级时产生的，它是阶级矛盾不可调和的产物和表现。国家的本质是经济上占统治地位的阶级进行统治的工具。国家具有对内职能和对外职能。国家的对内职能有政治职能、经济职能和社会职能；对外具有保卫国土不受侵犯的职能，同时也有进行国际交往、参与国际政治经济事务的职能。马克思主义认为国家不是永恒的，随着阶级的消灭，国家也不可避免地要消失。国家消亡的经济基础是共产主义的高级阶段，国家的消亡是一个漫长的历史过程。

2. 政党的概念和分类

政党是代表一定阶级、阶层或集团的根本利益，由其中一部分最积极的分子组成，有共同的政治主张，采取共同的行动，为夺取和巩固政权而联合起来的有组织、有纪律的政治组织。根据不同的标准，可将政党做不同的分类，常见的分类方式有以下四种：根据政党的阶级属性和阶级基础分为无产阶级政党和资产阶级政党；以政党是否掌握政权为标准，可分为执政党、反对党、在野党、参政党；以政党的法律地位为标准分为合法政党和非法政党；根据政党的活动范围分为国内政党和跨国政党联盟。

（二）借鉴政治学关于政治生活内容的理论

人是在具体的政治生活中来提高思想政治素质的，有关政治生活内容的理论有助于思想政治教育全面而深入地研究受教育者所处的政治生活环境，确定思想政治教育的内容，完成思想政治教育的任务。

1. 政治秩序和治理

政治秩序是指社会中人们依据基本的政治共识、政治与法律制度展开政治实践的一种状态。政治秩序在行动上体现为政治治理。政治治理既包括传统意义上的维护政治秩序的统治行为，也包括为实现经济社会发展目标而采取的社会管理行动。

2. 政治参与和监督

政治参与是指公民通过一定的方式去直接或间接地影响政府的组成、运行和决策或与政府活动相关的公共政治生活的政治行为，是公民自下而上的政治行为。监督分为政治监督和社会监督。政治监督是指在政治管理过程中，为保证社会公共权力机关在所担负的职权的正当范围内和轨道上运行，而对其进行监视、检查、控制和纠偏的各种活动，其本质是以权力制约权力，其目的在于抵御权力的腐蚀性。社会监督是以国家机关以外的社会组织或公民为主体进行的监督。这种监督主体范围十分广泛，民主性比较突出，虽然不具有法律效力，但发挥着非常重要的作用。

三、对心理学的借鉴

心理学是研究人的心理现象、心理过程和个性心理及其发展规律的科学。人的思想品德的形成过程，也是一种心理活动过程，因此心理学对研究思想政治教育的规律有着重大的意义。心理素质是思想道德素质的基础条件和构成要素。马克思主义心理学是我国思想政治工作找到科学方法的重要依据。

（一）借鉴心理学关于心理活动过程的理论

心理学研究的对象是人的心理现象，心理现象是心理活动过程和个性心理的统一体。心理活动过程指人的心理活动发生、发展的过程，它由认识过程、情感过程和意志过程构成，心理活动过程体现着人类心理活动的共同规律和一般特征。心理学注重认知、情感和意志训练相结合以形成完善的个性和品质，大学生思想政治教育中对大学生思想品德素质培养的最基本的“晓之以理、动之以情、导之以行、持之以恒”的工作方法，正是建立在心理活动过程理论知识基础之上的。

1. 认识过程理论

认识过程是人对客观事物的不同程度、不同水平、不同层次、不同方面的认识过程，也即感性认识到理性认识的发展过程，包括感觉、知觉、记忆、思维和想象等。

2. 情感过程理论

人们在认识事物的时候不可能无动于衷，也不会淡薄无情，总会伴随着认识活动的进行而形成各种态度，产生相应的喜、怒、哀、乐、爱、恶等情绪情感体验，这种心理活动过程就是情感过程。

3. 意志过程理论

我们在与自然界相互作用的过程中，常常在认识的基础上、在情感的推动下，根据事物发生发展的规律性，自觉地确定目的、制订计划、调节行动、克服困难、实现目标，使客观事物向着符合我们需要的方向发展，这就是我们的意志过程。

（二）借鉴心理学关于个性心理形成与发展的理论

1. 需要动机理论在大学生思想政治教育实践中的运用

需要理论认为，人的一切行为都是受本能需要的直接刺激而产生的。虽然人有满足自己需要的基本特征，但是大多时候人们都是从理性的角度考虑自己的需求以及动机的，因此人们能够自觉调整自己的需要、动机和行为。心理学关于需要的理论告诉我们，在当前的社会条件下，最大限度地满足人们日益增长的物质需要和精神需要，是大学生思想政治教育工作者应该考虑的内容，同时也是大学生思想政治教育的目标之一。如果大学生思想政治教育工作背离了其基本目的，脱离了满足人们物质需要和精神需要这一基本原则，势必会因缺乏吸引力和说服力从而影响教育效果。从事大学生思想政治教育工作的管理者，在进行大学生思想政治教育工作的安排和规划时务必要对工作对象的心理特征及其个人需求进行透彻的分析和了解，从而有针对性地对思想政治教育工作进行设计，争取达到最好的教育效果。

2. 个性心理形成与发展理论在大学生思想政治教育实践中的运用

心理过程与心理活动是每个人都有的，但同样的心理过程或心理活动，体现在每个人的思想与行为上都存在一定的差异。我们将这些个体差异的表现称为个性心理，它是个体身上表现出的一种比较稳定的心理特征，具有模式化、固定化的基本特征，对行为研究有一定的参考作用。无数的教育实践证明，深入研究并把握个性心理及其形成发展规律，对于实施因材施教、开发人的潜能具有重大意义。个性心理的形成和发展是多因素交互影响的结果，是在遗传素质的基础上，在一定环境和教育条件的影响下，经过个体积极主动的社会实践活动而被塑造出来的。大学生思想政治教育应充分重视心理学关于人的个性心理形成发展理论，了解影响大学生个性心理的各种因素，使得教育活动能产生较强的针对性和实效性。

四、对社会学的借鉴

思想政治教育是一门指导人们形成正确思想行为的科学，它以人的思想行为形成变化的规律以及实施思想政治教育的规律为自己的研究对象。但思想政治教育作为复杂的社会系统中的一个子系统不是静止的，在发展过程中出现的各种实际问题也不是孤立的，只有将其放在社会的大背景中，才能较为准确地把握和实施思想政治教育，也才能切实地解决各种实际问题。多学科的参与已经成为思想政治教育的一条重要路径，社会学便是其中之一。社会学是从某种特有的角度，或侧重对社会、对作为社会主体的人、对社会与人的关系等进行综合性的研究，即研究社会问题的一门科学。它所研究的领域相当广泛，其所研究的社会文化和社会思潮涉及社会生活的方方面面。社会交往与人际关系，社会组织与社会群体以及青年问题、家庭问题、犯罪问题等，都与思想政治教育的内容和方法相关。其中很多方面的研究，都能为思想政治教育学科所借鉴和应用。

（一）借鉴社会学关于人的社会化理论

社会学所研究的人的社会化问题，与大学思想政治教育在本质上有一致性。大学思想政治教育所要完成的主要任务就是实现大学生思想政治和道德的社会化。大学思想政治教育还是社会化的一个重要手段，思想政治教育帮助大学生树立远大理想和培养高尚的道德品质，明确自己的社会职责和行为规范，在此意义上说，大学思想政治教育的过程也是大学生的社会化过程，大学思想政治教育可以帮助大学生完成全面的社会化。

1. 社会化的定义和途径

社会化是指个人从生物人发展为社会人，不断认识社会、适应社会，从而形成、发展和完善自身人格并积极作用于社会的过程。社会化的基本途径是社会教化和个体内化。社会教化即广义的教育，这是社会通过社会化的载体及其执行者对个体进行的社会化过程。个体内化，是指个体将社会教化的内容转化为自身的行为模式、人格特征、思维方式的过程。

2. 社会化与个性发展

所谓个性发展，是指个人特有的生理素质、心理素质、思维方式和行为方式等的充分自由发展。马克思主义认为，个性的充分自由发展在人的全面发展中占有重要地位，人的发展在一定意义上就是“有个性的个人”的发展。在人的个性的形成过程中，生理、心理因素都以社会因素为中介发挥作用。人的个性是个人社会化的产物，是随着个人社会化的进程而逐步形成和发展的，可以通过社会化来塑造一个人的个性。社会化就是人的个性与自我形成及发展的过程。

人的个性发展是通过个人与社会的相互作用而实现的，个性发展包括自我意识的发展和道德意识的发展，这都是人的社会化的重要方面。

（二）借鉴社会学的研究方法

社会学的研究方法是社会学知识体系中最为重要的基本支柱之一，同时也是社会学相对于其他社会科学来说最具特色和优势的学科领域。社会学有一套比较成熟的社会调查和统计分析方法，如抽样调查法、统计推论法等。这些科学的方法对思想政治教育的研究方法具有较大的借鉴作用，对于加强思想政治教育的定量分析、实现定性分析与定量分析相结合、促进思想政治教育科学化有着重要的意义。

1. 问卷法

问卷法是指调查者根据研究的问题和研究的方案，通过设计一套要求被调查者回答的问题表来收集资料的方法。问卷的基本结构包括：调查问卷的题目、调查与填表说明书、问卷主题内容、实施情况记录等。问卷类型有开放式和封闭式两种。

2. 抽样调查法

抽样调查法是指按照科学的原理和计算从所研究对象的全部个体单位中，按随机原则抽取部分个体单位进行调查，取得资料，并以此推算总体数量特征的一种方法。随机抽样的组织形式根据调查目的不同和调查对象的特点、数量等可分为简单随机抽样、分层抽样、系统抽样、多阶段抽样等。

3. 文献法

社会调查中的文献是指与社会调查研究对象有关的一切书面文字材料。文献法是指从搜集的资料中进行提炼、选择、提取、整理分析的过程。文献定性研究的一般步骤是文献摘录、分析文献资料、研究主题关系与说明主题。

4. 访谈法

访谈法是指调查者通过与被调查者面谈口问的形式来搜集研究资料的一种方法。访谈法的类型有：个别访谈和集体访谈、一般访谈和深度访谈、作为搜集资料主要手段和辅助手段的访谈。访谈之前必须做好充分的准备，包括设计调查方案、拟定调查提纲等。

5. 统计推论法

统计推论法就是调查者利用样本的统计值对总体与之对应的各种参数值进行估计，从而获得分析数据和资料的方法。

大学思想政治教育除了借鉴以上学科理论外，也借鉴了法学、管理学、系统工程理论等学科的知识和方法，这些学科理论对大学思想政治教育的发展也起着重要的作用。

五、对伦理学的借鉴

伦理学是研究道德起源、道德本质、道德关系及其发展规律，研究道德修养和道德教育的内容、原则和方法的科学。马克思主义伦理学所揭示的共产主义道德形成和发展的基本原则、基本规律和规范，是思想政治教育学的理论依据，是思想政治教育学的重要研究内容。

（一）借鉴伦理学关于道德人成长过程的论述

著名经济学家亚当·斯密认为，作为经济人，人当然具有自私自利的一面；但这种自私自利又不是纯粹的，人还富有同情心，人也是道德人。伦理学关于道德人成长过程的理论，对于大学思想政治教育培养教育对象成为思想品德高尚的社会主义新人有着深刻的启示。

1. 道德人的形成

道德人的形成经历了漫长的过程。人的自我认知水平与个体最初的表现是一致的，个体的内在自觉性是实现个体对道德的追求的动因。同时，个体生活的社会条件也会对其道德水平产生重大的影响，这些都会使个体道德在萌芽状态逐渐走向苏醒。个体的道德觉醒达到一定的程度，道德人就形成并丰富完善到相应的层次和水平。大学思想政治教育在研究教育对象道德意识觉醒和达到社会所要求的道德水平方面，应遵循道德人形成的规律。

2. 道德的自律与他律

这是一个持续的过程，在这个过程中，道德实现质的飞跃，逐渐由他律转变为自律。道德主体在此过程中，会用一些内化了的自己认为正确的道德原则来约束或调节自己的思想行为。自律是人真正实现道德的结果，自律的人就是道德的人，是一个有稳定和明确人格的人。道德人成长过程中自律与他律的关系，启示思想政治教育一定要重视引导教育对象自觉提高自身思想政治素质和道德水平，这样才能真正实现教育目的。

（二）借鉴伦理学关于道德教育的过程理论

道德教育过程是指对人们进行有组织、有计划、有目的的道德教育，使人们在生活实践基础上确立某种道德认识、道德情感、道德意志、道德信念和道德习惯的复杂过程，主要有提高道德认识、培养道德情感、锻炼道德意志、确立道德信念和养成道德习惯五个环节。使社会主义与共产主义道德原则和规范转化为个人内在品质的教育，是我国思想政治教育的主要内容之一。伦理学关于道德教育过程的理论，对思想政治教育学研究思想政治教育过程论有直接的理论借鉴作用。

1. 提高道德认识

人是理性的社会动物，人的行为是受自己特定的道德认识指导的。要使人们有社会主义和共产主义道德的理想人格，首先就必须使人们了解和把握社会主义和共产主义道德的原则、规范和义务，然后才能有明确的道德实践方向。

2. 锻炼道德意志

道德意志是道德人格形成的关键。如果没有坚强的道德意志，就不能在道德实践中克服困难，牺牲个人利益，战胜邪恶和私欲，把善和正义发扬光大，也就无从形成理想的道德人格和品质。

3. 培养道德情感

要培养人的道德人格和个性，必须从培养一个人健全的道德情感开始。有了某种道德认识，并不一定会有相应的道德情感。只有在现实生活中通过长期对大量善与恶的事例进行对比，让受教育者受到感染，才能形成比较稳固的道德情感。

4. 确立道德信念

使受教育者确立道德信念，这是道德教育的中心环节。这个环节是以其他三个环节为基础的，只有识深、情笃、意果，才能形成坚定的道德信念。有了坚定的道德信念，也就有了精神支柱，人们的道德人格才能初步树立起来。

5. 养成道德习惯

道德教育的宗旨，一方面是使良善的道德观转化为人们内在的道德信念，另一方面是使这种良善的道德信念通过具体的道德实践表现为外在的道德行为，并最终形成自我的一种道德习惯。养成道德习惯后，人们对于道德规范要求习惯于遵守，从心所欲而不逾矩。

六、对人才学的借鉴

人才学是通过研究成才主体内在素质的变化，从而揭示人才产生和发展规律的科学。人才学研究揭示出人才产生和发展的过程，表现为育才阶段和用才阶段。人才学与思想政治教育有密切关系。思想政治教育非常注重“培养什么样的人和如何培养人”的问题，思想政治教育的根本目的是为国家和社会培养现代化建设所需的人才。了解和掌握人才学所研究的育才、用才理论，对于实现思想政治教育的目的具有重要作用。

（一）借鉴人才学关于育才的理论

1. 借鉴个体人才成长发展过程和规律的理论

人才学研究指出，成才是人发展到一定阶段的产物。个体人才的成长过程有其运行的阶段，一般可划分为内在素质优化阶段、外在活动质变阶段和社会承认阶段。内在素质优化强调人才通过主观能动活动实现德、识、才、学、体五方面内在素质的有机统一；外在活动质变强调人才通过创造性劳动取得创造性劳动成果；社会承认是社会对成才者的素质和成果进行鉴定后予以肯定和承认的活动。成才主体的素质、成果通过社会承认，就标志着成才过程的结束，进入人才发展阶段，人才开始展示才能。经过若干次的社会承认，人才就会由初级人才上升到高级人才。人才学研究还指出，个体人才成长是有规律可循的，大致概括为以下普遍性规律：一是有效地创造实践成才律，二是顺势成才律，三是协调成才律，四是全面发展律，五是蓄积成才律。除此以外，个体人才成长还有一些特殊规律，如纵横成才律、扬长成才律、聚焦成才律等。大学思想政治教育可通过借鉴个体人才成长过程及规律的理论，对大学生的成长过程和规律有更加科学的认识、分析和把握，以有效实现培育全面发展的社会主义新人的目标。

2. 借鉴人才的素质与开发理论

人才素质是指人才所具有的先天素质和后天品质的综合。人才素质区别于一般人的素质的核心在于，人才素质的层次要求更高、潜在能量更大、可创造的预期财富更多。人才素质是由多要素组成的结构体系，包括生理素质系统和心理素质系统，其中心理素质系统又分为智能素质和非智能素质两个子系统。智能素质系统由知识系统和能力系统等构成，非智能素质系统主要包括思想政治品德系统和心理品格系统两个子系统。人才素质的开发是在认识和掌握人才素质的基本原理、结构与功能的基础上，进一步优化人才素质，促进人才健康成长，充分发挥人才素质功能，加强人才队伍建设的必要工作。大学思想政治教育可有效借鉴人才素质及开发理论，全面剖析大学生的素质构成，采用行之有效的方法引导大学生提高素质。

3. 借鉴人才成长和发展的环境理论

人才的成长和发展与环境密不可分。马克思主义环境论探讨出人与环境的密切关系，使得人才成长环境也成为人才学探讨的重要话题。人才成长的环境是指人才在时空中赖以存在和发展的一切外部因素的总和。根据不同的标准，人才成长的环境可分为物质环境和精神环境，可分为大环境、亚环境和小环境，可分为自然环境和社会环境，可分为历史环境和现实环境，可分为积极环境和消极环境，可分为国内环境和国际环境。其中，自然环境和社会环境是人才成长的两个重要环境。社会环境又分为宏观和微观环境，包括社会经济、政治、文化环境，还包括家庭、校园、单位、社区环境。人才成长的环境对人才成长有支撑、约束、塑造、激励等作用，同时人才又能够认识和改造自身的成长环境。人才成长环境理论的研究对大学思想政治教育环境论的系统研究具有直接的借鉴价值。

4. 借鉴人才社会承认的方式理论

人才的社会承认，是指在人才成长与发展过程中，社会对成才者的素质和成果进行肯定和认可的活动。社会承认在人才成长过程中是一个至关重要的环节，只有获得社会承认，潜人才才能转化为显人才，低层次人才才能转化为高层次人才。否则，人才便会被忽视以至埋没，人才的价值便难以实现。

人才的社会承认可以通过多种方式进行，主要方式有传播式、认定式、颁奖式、规范性评判式和选举式承认等几种。在人才的社会承认活动中，应努力认识社会承认各构成要素，推动社会承认的科学化。大学思想政治教育在研究自身教育活动价值时，也要通过评价社会对其教育对象的素质水平的承认程度来实现，从此角度思考，人才社会承认的研究成果对大学思想政治教育评估研究具有较大的借鉴意义。

（二）借鉴人才学关于用才的理论

1. 人才的识别、选拔和考核理论

正确地识别、选拔人才并对人才进行考核，是人才管理过程中的重要环节，是科学使用人才的前提。人才识别又称人才鉴别，应坚持灵活多样、不拘一格的原则，人才识别的方法包括考试、考察、民意评选等。人才选拔是指按照一定的要求，在一定范围内，按照一定程序和方法选择优秀人才的过程。人才选拔应坚持德才兼备、实践、竞争、公开公平、灵活性原则，选拔的方式包括考任制、选任制、委任制、招聘制、荐举制等。人才考核是指通过一定的考核方法和程序，对人才在工作中的表现进行全面了解和正确评定。人才考核包括对人才的德、能、勤、绩、识各方面的客观描述和人才优缺点的评价意见两部分。

2. 人才的使用原则

人才使用原则是在任用、配备和使用人才的过程中遵循的基本要求和准则。它主要包括宏观的党管人才原则、人才的配置使用与经济社会发展相协调的原则、人才的宏观调控与市场配置相结合的原则，也包括微观的用人单位任人唯贤、尊重信任、用养并重、扬长避短、激励、择优汰劣原则。人才学的用才理论为大学思想政治教育队伍建设的理论和实践提供了丰富的知识借鉴。

第二节 大学生思想政治教育对我国思想政治教育经验的借鉴

一、传统文化中的思想政治教育思想

传统德育思想是我国德育教育的重要内容，也是中华民族五千年沉淀下来的思想精华，在开展思想政治教育的过程中我们一定要将传统道德思想融入其中，激励当代大学生弘扬中华民族传统文化。

（一）先秦时代的思想道德教育理论

1. 先秦时期我国主要的思想流派

殷商时期，奴隶主阶级为了巩固自己的统治，开始以理论的形式研究道德现象。周公创立的以“孝”为核心的宗法政治伦理思想体系，对我国“孝”道文化的发展起到奠基作用。周公所创立的“孝”文化的核心是“父慈、子孝、兄友、弟恭”，以此为基础还提出了“修德配命”“敬德保民”的德政要求。

春秋战国是我国历史上较为动荡的一个历史时期，正是这种动荡孕育了伟大的社会变革，促成了我国文化、科技以及哲学思想的“大繁荣”，诸多思想家就道德问题系统地阐发了各自的观点。其中以儒家、墨家、道家、法家的思想为代表。

儒家思想是以孔子的理论认识为基础形成并发展起来的，并且孔子的学说奠定了封建地主阶级伦理学的基础。孔子的思想以“仁”为核心，经过其弟子与后人的传承与发展，成了封建阶级进行统治的理论基础，并逐渐成为我国传统文化的重要组成部分。孟轲和荀况是儒家思想的集成、发扬者，他们在研究了孔子的基本理论之后，从新的角度对孔子的思想进行了阐述，完善了儒家思想。先秦儒家思想以仁为核心，主张德治，缺点是过分夸大道德的作用，但是它在道德规范、道德范畴、善恶评价、道德修养等问题上的论述至今对我们仍然有启发意义。

墨家思想是中国古代完整版的辩证唯物主义。墨家的观点具有强烈的社会实践精神，提倡吃苦耐劳、严于律己，将维护公理看作神圣责任。墨家思想的核心是“兼爱”与“非攻”。不同于传统的宗亲礼法制度，墨子主张废除亲疏有别的宗法道德，并提出社会交往应以利人为根本，这一主张体现出墨家思想贵义尚利的功利主义特点。

道家思想以老子、庄子为代表，与儒家、墨家不同的是，他们主张效法自然，强调避世，反对世俗的道德规范和道德原则，采取了脱离人类社会生活的非道德主义态度。当然，道家超世脱俗的人生追求对后世也产生了较大的影响。

法家思想曾一度成为封建社会的统治思想，从特点上来看法家思想可分为前期和后期。前期法家在提倡以法治国的同时，还要坚持德治，这一时期法家思想的代表人物是管子；后期法家的代表人物是韩非子，他的思想比较激进，如“以法代德”，其实质就是否定道德在社会生活中的作用。

先秦时期是中国传统道德的奠基时代。这一时期的思想特别是儒家学派的一些观点不仅在当时产生了重大的影响，发挥了重要的作用，并且对后世许多其他思想流派的道德思想家都产生了深远的影响，许多后来的思想就是以当时的伦理思想为出发点和前提条件进而发展起来的。

2. 孔子的德育思想

孔子的德育思想在我国传统德育思想中居于核心地位，是中国古代德育思想的主流。然而，当社会处于剧烈变革时期，他的德育理论往往受到强烈的质疑、猛烈的攻讦甚至毁弃。当社会处于稳定时期，他的德育思想则被不断赋予新的内涵，不断被修改、充实与重塑，甚至成为统治阶级所推崇的精神之道。在教育理论和教育实践中，孔子将德育作为教育的基础，主张“德教为先、教而后刑”，并以此为基础构建出“仁德”学说。总结起来，孔子的德育思想主要包括以下三个方面。

（1）德教为先、教而后刑

孔子继承了夏商周时期的教育理论，把对人的道德素质的培养作为教育的重要内容。孔子认为，培养有德行的君子是教育的最终目标，道德教育是整个教育过程中都应贯彻的内容。相对于培养一个人正确的政治观念来说，其道德观念的培养更加重要。在教育实践中，孔子提出了具体的培养目标和道德教育的任务，那就是培养“仁智统一”而“内圣外王”的圣贤人格，即孔子所向往的高尚人格，是“圣人”“贤人”“志士”“仁人”“君子”等。其中，“圣人”居于最高层次，“君子”居于较低层次。孔子对君子的道德标准要求具体可归纳为以下五个方面：君子必须具备“仁德”；君子和而不同；君子“达”而“闻”；君子自己要行为端正；君子要“修己”“安人”“安百姓”。

（2）仁德学说、知情意行

孔子为了实现“道之以德”，在道德教育内容方面进行了总体设计，创造性地提出了仁德学说，并认为“仁”是最高德行，只有符合“仁”的行为才是道德的行为。“仁”是众德之总，其核心内容是“爱人”，其基本要求是“义”与“礼”，其践行纲要是“孝悌”。“仁者爱人”，有仁德之心的人往往具有对他人的爱心，他不仅能够爱自己，还能够爱自己的亲人以及其他非亲非故的人，即“泛爱众而亲仁”。孔子认为爱有差等，即对待不同的人应该有不同的爱。对父母的爱是最高一等的，即孝，后人对此的解释是“百善孝为先”。其次是对自己的兄弟姐妹的爱，即悌。君子在孝敬父母的前提下，应该友爱兄弟姐妹。因为君子和自己的兄弟姐妹是同一个父母，如果不能友爱兄弟姐妹，也就不能孝敬父母。如果说孝悌表现的是一种对亲人的爱，那么“礼”表现的则是对亲人的一种恭敬之心。“义”是君子对朋友的一种爱，在本质上与孝悌是相同的，在程度上却有差别。

（3）修身为本、因材施教

其一是身教重于言传。孔子在教育学生的实践过程中非常注意自己的言行，孔子说：“其身正，不令而行；其身不正，虽令不从。”“苟正其身矣，于从政乎何有？不能正其身，如正人何？”从中我们可以看出，孔子主张教学要以身作则并不是说给人听的，而是要践行的。“君子之德风。小人之德草，草上之风，必偃。”孔子强调榜样的示范作用是无可替代的，身教永远重于言教。其二是修身为本。孔子认为，身教重于言传，想要对学生的行为进行引导，老师自身的修养也十分重要。围绕这一主张，孔子提出了一系列的修身方法，主要有以下几个。①学思并重。在修身中，“学”和“思”是孔子十分注重的两个方面，他主张应该将“学”与“思”结合起来，如“学而不思则罔，思而不学则殆”，只有二者结合才能达到良好的修身效果。②克己与内省。反省是一个自我提升的内在过程，也是一种道德体验。作为道德生活的参与者，人们自然会不可避免地遇到生活中的道德现象与道德行为，并且会对道德生活产生一定的感悟。孔子十分重视道德主体的心性修养，而这种修养主要是通过反省内求实现的，并且只有通过自我努力才能形成提升道德修养的内在推动力。③推己及人。孔子在道德教育中提倡忠恕之道，即尽己之心以待人和推己之心以及人，所谓“己欲立而立人，己欲达而达人”。人心是相同的，己所不欲，勿施于人，慎言而敏行。孔子指出：“敏于事而慎于言”“讷于言而敏于行”，以至“言中伦，行中虑”。孔子教育人们要少说空话、多干实事，努力将道德行为准则付诸实践。④因材施教。孔子因材施教的主张主要有两层含义：一是针对不同的教育对象注入不同的教育内容；二是针对不同的教育对象施行不同的德育。每个人的个性、经历以及对知识的敏感程度都不相同，对不同性格以及智力水平的人需要采取不同的教学方法才能获得良好的效果。⑤启发诱导。孔子教学过程中最成功的经验就是启发诱导。孔子是世界教育史上第一个提倡并运用启发诱导教学原则与方法的教育家，孔子提倡在教学过程中，教师要注意把握住讲解问题的最佳时机，及时施教，当学生思考问题已有所得，欲表达又表达不清楚时，教师再给予及时的启发。这里的关键问题是激发学生的学习动机，把教学变成学生主动探索的过程；否则，越俎代庖，搞填鸭式、满堂灌教学，代替学生思考和表达就会导致教学的失败。启发诱导方法在现代教育实践中也具有很高的应用价值，在教学过程中避免“填鸭式”的内容灌输，而是通过学习内容的趣味性、教学手段的合理应用以及对学生心理特点的把握，引导其形成道德认知，培养道德情感，激发其内在的学习动力，养成道德行为。

（二）秦汉时期的思想道德教育理论

这一时期我国传统道德思想领域形成了独尊儒家的局面。秦王朝建立以后，统治者吸取了法家“专任刑法”的法治思想，以严刑峻法维护统治、巩固政权，结果被农民大起义推翻，结束了仅15年的统治。取秦而代之的汉王朝意识到严刑峻法不是巩固统治的良药，因而将道德、教化作为统治民众、稳定社会的基础，因此儒家思想开始逐渐进入统治者的视野，并成为封建社会的统治思想。西汉初期出于恢复民生、休养生息的目的，统治者推崇“无为而治”的道家思想，在社会状况好转之后汉武帝采纳董仲舒提出的“罢黜百家，独尊儒术”的建议，将以仁义道德为核心的儒家伦理思想推至高峰，使其一度成为统治阶级的统治思想。儒家伦理思想独尊地位的确立，适应了时代的需求，也符合统治者的统治意愿，因为儒家思想为大一统统治提供了足够的道义上的支持，这也是历代统治者都尊崇儒家思想的根本原因。董仲舒的儒家思想并不是单纯的儒学思想，而是以先秦时期孔孟的主要思想和理论为基础，并吸收道家、法家、阴阳五行学说以及神学思想而形成的一种带有目的性的思想理论。他的思想与之前的儒家思想有所不同，之前的儒家思想将帝王作为上天神圣统治的代言人，确认了封建君主的统治地位；而董仲舒将“天道”推演为“人道”，将“仁政”“德治”作为封建统治的根本原则。儒家伦理思想作为封建统治阶级的正统道德理论，在封建社会中发挥着重要的作用。

（三）魏晋南北朝时期的思想道德教育理论

汉末以后魏晋时期的国家分裂、社会动乱及“九品中正制”的推行和门阀士族腐朽的生活方式，使得以神学为理论形式的封建名教纲常逐渐失去了对人们的影响力。然而出于巩固统治的需要，魏晋统治者维护名教，利用名教作为剪除异己、镇压群众的工具。同时又要为名教寻找能够继续生存和发展的新的理论依据和表现形式，并以此为其放荡不羁、荒淫无度的腐朽生活方式做辩护。随着当时中国社会的经济发展、民族融合、文化交流和教育变革，适应封建门阀士族需要的“玄学”思想开始出现。他们以“三玄”，即《老子》《庄子》《周易》为主要研究对象，在伦理道德方面主要论证“名教”与“自然”的统一。

魏晋玄学的盛行，也使佛教依附玄学得以传播。佛教宣扬因果报应、转世轮回，主张“出世”，超脱现实，提倡修行成佛。大乘空宗的佛学思想与道家玄学思想类似，因此，许多佛教徒借助玄学传播佛教。同时，门阀士族为了巩固其统治和愚化百姓，大力推崇佛教，使佛教得以迅速发展。这一时期也出现了以范缜为代表的无神论者，他们从形神关系入手对佛学思想的理论基础进行了批判。而且由于佛教与儒家伦理道德格格不入，也引发了佛教与儒家礼教纲常的矛盾，产生了儒家的世俗道德与佛教的宗教道德之间的斗争。为此，佛教也力争调和儒佛，强调佛教教义、佛教的人生哲学与儒家伦理道德的一致性和互补性。总之，魏晋时期随着玄学的盛行、佛教的传播，在伦理思想上出现了儒道释三家既相互斗争又彼此融合的复杂格局。这种状况也直接影响了隋唐时期的伦理思想。

总之，魏晋至隋唐时期的伦理道德思想的突出特点是，儒、佛、道三家在相互斗争的过程中相互吸收，趋向合流。

（四）宋明时期的思想道德教育理论

宋代至明中叶的伦理思想贯穿着理学与反理学的斗争。宋代以后，中国封建社会进入了后期发展阶段，社会矛盾较为尖锐和复杂，统治者对农民盘剥的加剧激化了阶级矛盾，爆发了多次农民起义。外族的侵扰也使宋代的民族矛盾日益激烈。统治阶级内部的官僚大地主与中、小地主之间也产生了严重的斗争。为了加强君主专制统治、满足官僚大地主的要求，统治者需要确立一种更加完备的伦理思想，以调节种种社会矛盾，维护封建道德纲常，由此，便产生了理学伦理思想。理学伦理思想主要包括程朱学派和陆王学派两大派别。程朱学派是“理”一元论的客观唯心主义“理本派”，其伦理思想奠基于程颢、程颐，由朱熹集大成。陆王学派是“心”一元论的主观唯心主义“心本派”。理学伦理思想尽管有不同的学派，但根本观点是基本一致的。从基本立场上来说，理学使儒家伦理思想获得了完备的理论形态，并以其新形式重新取得了“独尊”地位。理学承袭孔孟儒学的立场，以继承儒家传统为出发点，同时又吸收佛、道思想，在道德的本源、人性论、理欲观、理想人格的培养等方面，集儒、佛、道于一体，以“理”为最高范畴，以“存天理，灭人欲”为基本纲领，形成了更系统更完备的封建伦理思想体系，也使儒家伦理思想的发展达到了顶峰。“存天理，灭人欲”是理学各派别的共同思想纲领，其目的是以禁欲主义的思想强化封建礼教，反对农民阶级的“均贫富”要求，维护封建纲常伦理制度。“存理灭欲”是理学伦理思想所推崇的理想人格标准，朱熹认为要通过“居敬穷理”的学者功夫，使用“学、问、思、辨”、知先行后的方法，从而达到格物致知。朱熹明确指出：“知行常相须，如目无足不行，足无目不见。论先后，知为先；论轻重，行为重。”显然，在道德发展的顺序上，朱熹认为“知先于行”。因此，他根据这个特点提出了道德修养的基本顺序，即“博学、审问、慎思、明辨、笃行”，进而又提出了“博约相济、积累渐进、日用切己、温故知新”的道德修养原则，形成了儒家道德理学观思辨的理论体系。理学伦理思想中关于知、行的争辩，把传统道德修养理论推向一个新的发展阶段。

（五）明清时期的思想道德教育理论

明末清初，中国封建社会的发展开始步入晚期，并逐渐走向衰败。明中叶以后，我国开始有了资本主义的萌芽，然而却受到了封建专制主义的压制。封建统治者的高压政策、横征暴敛使阶级矛盾空前尖锐，最终导致了李自成和张献忠领导的农民大起义；满族贵族的入侵使民族矛盾日趋严重，以程朱理学为代表的封建伦理思想虽然仍处于正宗地位，但其专横、腐朽的思想统治不仅禁锢了人们的思想，而且更为严重的是阻碍了社会的发展，给整个民族带来祸害。在这种特定的历史条件下，一批进步的思想家如李贽、黄宗羲、王夫之、顾炎武、颜元等人，对以程朱理学为代表的儒家学说进行了一定程度的批判，对统治中国千百年的儒学伦理思想造成了强烈的思想冲击。在道德伦理问题上，他们把道德与功利、天理与人欲统一起来。虽然他们的观点各异，批判侧重点也有所不同，但是他们都以程朱理学为代表的封建伦理思想为批判对象，带有反封建的启蒙意义。这些观点对近代乃至当代的道德教育都产生了重要影响。

二、对中国共产党大学生思想政治教育经验的发扬

中国共产党历来重视大学生思想政治教育，中华人民共和国成立以来，在各级领导和教育主管部门以及高等学校的不断努力下，大学生思想政治教育工作取得了卓越的成效，也收获了一些宝贵的经验。

（一）紧密结合马克思主义理论中国化的新发展

大学生思想政治教育开展了学习毛泽东著作和毛泽东思想的教育，用毛泽东思想武装头脑，在毛泽东思想指引下，广大学生加深了对反对帝国主义、封建主义和官僚资本主义革命斗争的认识，加深了对新民主主义革命与社会主义革命的认识，更加深刻地认识到社会主义制度的来之不易与中国共产党领导人民建立中华人民共和国的卓越贡献，更加自觉地团结在党的周围。十一届三中全会以来，以邓小平为主要代表的中国共产党人，解放思想，实事求是，实行改革开放，开创了社会主义事业发展的新时期，创立了邓小平理论。邓小平理论是马克思主义基本原理同当代中国实践和时代特征相结合的产物，是马克思主义中国化的理论成果。大学生思想政治教育开展了对邓小平理论的教育教学，推进邓小平理论进课堂、进教材、进学生头脑工作，使广大学生认清了“什么是社会主义、怎样建设社会主义”，增强了广大学生建设社会主义的信心。十三届四中全会以来，以江泽民为主要代表的中国共产党人，积累了治党治国宝贵经验，形成了“三个代表”重要思想。“三个代表”重要思想是马克思主义理论中国化的新发展，高等学校积极组织大学生认真学习“三个代表”重要思想，引导广大学生深刻认识中国共产党是中国工人阶级的先锋队，是中国人民和中华民族的先锋队，是中国特色社会主义事业的领导核心，只有始终坚持党的领导，才能夺取中国特色社会主义伟大事业的胜利，加深了广大学生对党的信赖。十六大以来，以胡锦涛为总书记的党中央，集中全党智慧，提出了以人为本、全面协调可持续发展的科学发展观。习近平新时代中国特色社会主义思想，是对马克思列宁主义、毛泽东思想、邓小平理论、“三个代表”重要思想、科学发展观的继承和发展，是马克思主义中国化最新成果，是党和人民实践经验和集体智慧的结晶，是中国特色社会主义理论体系的重要组成部分，是全党全国人民为实现中华民族伟大复兴而奋斗的行动指南，必须长期坚持并不断发展。习近平新时代中国特色社会主义思想的提出，翻开了马克思主义中国化的新篇章。大学生思想政治教育深入认识习近平新时代中国特色社会主义思想，帮助广大学生在新时代发扬中国特色

社会主义，开阔视野，深化了大学生对“实现什么样的发展、怎样发展”的认识。

（二）坚持党的领导，充分发挥党的政治组织优势

在当前，坚持党的领导、不断发挥党的政治组织优势，是坚持高等学校社会主义办学方向的根本，同时也是加强和改进思想政治教育的关键。坚持以党建为核心推进大学生思想政治教育，是我国大学生思想政治教育的独特优势，同时也是我国大学生思想政治教育的基本经验。自中华人民共和国成立以来，党建工作一直在高校处于十分重要的地位。高校的各级党组织和党员在大学生思想政治教育中发挥了独特作用。改革开放以来，高等学校的党建工作面临许多新情况。改革开放和社会主义市场经济的发展，社会生活和思想观念的深刻变化，以及国际局势的变幻，给高校党组织和党员带来了种种影响，对党的建设也提出了新的课题和更高的要求。为此，高校在大学生思想政治工作中坚持以党建为核心，在大学生党建工作中坚持以思想建设为核心，在思想建设中坚持以理想信念教育为核心，不断加强学生党建工作。在新时代新阶段，面对经济全球化和多元价值观的冲击，面对宗教等势力的渗透，高校应以保持共产党员先进性教育为契机，不断增强在大学生中发展党员的紧迫感和责任感；以支部建设为根本，形成支部建设推动党员发展的长效工作机制；以增强党员先进性为重点，全面提高党员的素质，加大在学生中发展党员的力度，努力实现学校党建工作的新突破。

（三）坚持社会主义办学方向的原则

高等学校培养的人才是否具有坚定正确的政治方向，是否愿意为人民服务、为社会主义祖国服务，是关系到我国社会主义现代化事业的前途和命运的问题。高等学校的办学方向，最重要的就是解决办什么性质的大学、如何办大学、培养什么人、如何培养人的问题。而大学生思想政治教育直接关系到培养什么人的问题，关系到全面贯彻落实党的教育方针的问题。中华人民共和国成立以来，我国的大学生思想政治教育中一条最为宝贵的经验，就是坚持把正确的政治方向放在首位。

第一，坚持党的基本路线不动摇，不断排除“左”和“右”的干扰。中华人民共和国成立伊始，我国的高等教育处在从新民主主义教育到社会主义教育的历史性转变过程中，大学生思想政治教育在总结、继承和发扬老解放区学校教育的传统和吸收、借鉴苏联教育经验的基础上，确立了新民主主义的教育方针和大学生思想政治教育的目标、任务、内容等。毫无疑问，当时大学生思想政治教育得以重新开展，靠的是中国共产党人的创造性发挥，靠的是《中国人民政治协商会议共同纲领》对文化教育政策的正确定位。当时大学生思想政治教育的主要议题就是清除国民党的影响，增强马克思主义在大学生中的影响力。同时，结合当时的社会政治运动，在实践中加强对大学生的思想政治教育，进行集中的思想改造。

十年社会主义建设时期，大学生思想政治教育在党和政府的正确领导下，进行了许多有益的探索。这一时期的大学生思想政治教育致力于为国家培养德、智、体全面发展的社

会主义建设人才。毛泽东要求青年学生在思想上要有所进步，政治上也要有所进步，要求他们学习马克思主义，学习时事政治。

邓小平十分重视教育，早在1954年政务院讨论教育工作时，他就指出："办好学校、培养干部，才是最基本的建设。"1978年4月，全国教育工作会议召开。邓小平在会上指出："学校应该永远把坚定正确的政治方向放在第一位。""这并不排斥学习科学文化。相反，政治觉悟越是高，为革命学习科学文化就应该越加自觉，越加刻苦。"邓小平的讲话充分肯定思想政治工作在学校教育中的重要地位，也充分表明了在大学生思想政治教育中坚持正确的政治方向的重要性，为大学生思想政治教育的全面开展指明了方向。

第二，坚持"双为"办学方向的政治要求和价值追求相结合。中华人民共和国成立以后，我国的大学生思想政治教育始终坚持社会主义的思想道德体系，坚持培养大学生的集体主义精神，不断从巩固社会主义政权的思想基础、培养和造就社会主义事业的合格建设者和可靠接班人的高度进行认识和定位。在思想政治理论课程建设中，以系统化地开设马克思主义基本原理课程为重点，要求学生掌握马克思主义的世界观和方法论；并且把中国革命和中国建设的伟大实践，把毛泽东思想、邓小平理论、"三个代表"重要思想、科学发展观及习近平新时代中国特色社会主义思想等中国化的马克思主义理论成果作为重要的课程内容。与时俱进，不断改进内容体系和创新方式方法，从而树立起大学生正确的世界观、人生观和价值观。

第三，坚持育人为本，德育为先，处理好德育和智育的关系。高等学校的根本任务是培养德、智、体、美等全面发展的社会主义事业的建设者和接班人。要完成这一根本任务，就要坚持"育人为本、德育为先"的重要方针。中华人民共和国成立以来，高等学校始终坚持通过提高学生的思想道德素质，带动和促进大学生全面素质的发展。同时，在大学人才培养的各个具体环节中，高等学校始终坚持德的标准不放松。特别是在人才评价环节中，始终将"德"作为一个重要的方面，在推荐工作及就业中，广大高校和各级党团组织及专职思想政治工作队伍在对大学生品德的考核中发挥了应有的作用，保证了出口关。同时，在教育中，坚持做到整体育德、全面育人、全员育人、全过程育人，不断增强教育的合力、提高教育的实效，促进了一代代大学生全面发展和健康成长。

（四）围绕党和国家的工作中心来开展大学生思想政治教育工作

坚持围绕中心工作开展大学生思想政治教育，是我国大学生思想政治教育工作的又一基本经验。改革开放特别是党的十三届四中全会以来，党中央坚持"两手抓、两手都要硬"的方针，切实加强和改进对大学生思想政治教育工作的领导。各地区、各部门和高等学校认真贯彻落实中央要求，加强和改进思想政治教育工作，在培养高素质人才、维护学校和社会稳定等方面发挥了重要作用。以十八大理论和"中国梦"精神为指导，推动高等教育改革发展。大学生思想政治教育必须与国家和社会的需要及中心工作紧密结合，才能有广阔的空间和舞台。可以说，自中华人民共和国成立以来，我国的大学生思想政治教育在每一个重要历史时期，都紧紧围绕中心工作，服从和服务于中心工作，通过一系列扎扎实实的工作推动了社会进步，促进了高等教育发展，在培养人才、服务建设和改革方面做出了突出的贡献。

在社会主义改造时期，中华人民共和国面临建立新政权和维护社会政治稳定的难题，高等教育也百废待兴。大学生思想政治教育工作紧密围绕中心工作，创造性地建立起新的高校思想政治教育工作体系，配合党和国家的工作方针，积极开展社会政治运动，使大学生在思想政治方面经受了考验，锻炼了才干。在十年社会主义建设时期，大学生思想政治教育工作与社会生活紧密相连，大学生通过参加生产劳动、投入社会实践、接受社会教育等，直接参与到党和国家所确立的中心工作的伟大实践中，成为又红又专的人才，其中许多人成为社会的栋梁。

改革开放以后，我国的工作重心转移到经济建设上来，整个社会生活步入正轨。这个历史性的转变要求大学生思想政治教育工作也迅速地进行相应的转变。它使大学生思想政治教育工作逐步以培养人才为中心，由凌驾型变为服务型，使大学生思想政治教育工作必须服务服从于经济建设这个中心工作，必须服务服从于高等教育的改革和发展以及人才培养等高校的中心工作。具体来说，这一转型，一是要求思想政治教育工作在服务经济建设中凸显自己的价值，为经济建设培养社会所需要的人才；二是要求在学校教育层面，使大学生思想政治教育服从和服务于学校的中心工作，服务于人才培养、科学研究等中心工作，使大学生思想政治教育与学校的中心工作密切配合，把思想政治教育渗透于教学、科研等人才培养的各个环节中。

加强和改进思想政治教育工作，最根本的是坚持和巩固马克思主义在我国意识形态领域的指导地位。要实现这一目标，必须了解思想政治教育发展的新特点，从实际出发把思想政治教育工作做深做细，以提高思想政治教育的实效性。对于高等学校而言，人才培养、科学研究和社会服务等是其中心工作，大学生思想政治教育工作必须紧密围绕这些中心工作尤其是人才培养这个中心开展，才能体现其独特价值。在具体的大学生思想政治教育实践中，高等学校密切结合各校的实际，结合每一代大学生的思想实际，努力通过各种途径和渠道，不断培养大学生的思想道德素质，不断提高大学生的全面素质，使大学生思想政治教育为其成长成才服务。大学生思想政治教育通过社会实践、文体活动、校园文化建设、就业指导、心理咨询等多种手段，围绕人才素质结构的方方面面下功夫，始终抓住人才培养的中心工作不放松，在培养人才中找准定位、全过程育人、实现价值。

（五）坚持结合大学生思想新变化的原则

中华人民共和国成立以来，大学生思想政治教育的发展历史表明，只有紧密结合大学生思想的新变化开展教育，才能实现教育目标。20 世纪 50 年代初期，党和国家刚从旧社会制度中接管了高等学校，当时大学生的思想不同程度地存在一些与新社会制度不适应的地方。针对大学生的思想实际，党和国家在全国大学生中开展了思想改造学习运动，帮助大学生认清了社会主义制度的优越性，把他们切实引导到社会主义道路上来。20 世纪 80 年代中后期，受改革开放的影响，大学生对大量涌入的国外社会思潮认识不清，对国内各方面的改革举措理解不透彻，存在思想困惑。为此，高校开展了反对资产阶级自由化教育，开展了坚持四项基本原则教育，开展了正确处理改革、发展和稳定关系的教育，为大学生拨开了思想迷雾，使其以良好的精神状态投入学习中，维护了高校的稳定。进入 21 世纪以来，随着经济社会的快速发展，大学生面临较大的就业压力。同时，由于部分大学生是独生子女且多数时间都在学校中度过，社会现实生活经历较少，面临挫折时容易出现心理问题。针对大学生的这一变化，党和国家明确指出高校要开展大学生心理健康教育。教育部印发了《普通高等学校大学生心理健康教育工作实施纲要（试行）》，成立大学生心理健康教育专家指导委员会，明确要求辅导员做大学生的知心朋友和人生导师。实践表明，大学生思想政治教育必须坚持以人为本，贴近实际，贴近生活，贴近学生，这样才能不断增强思想政治教育的针对性、实效性和吸引力、感染力。

（六）充分发扬创新精神

大学生思想政治教育工作强调要充分发扬民主，广开言路，平等待人，实行疏导的工作方针，因势利导，以理服人。思想政治教育状况大为改善，教育者和受教育者的关系得到改善，思想政治教育发挥关心人、理解人、支持人的作用，在工作中收到了越来越明显的效果。在新时期，针对信息社会的发展和网络的普及，大学普遍建立了一些进行思想政治教育的“红色网站”，不断加强网络引导和网上思想政治教育。除此之外，大学生思想政治教育的模式、体制、内容、方法、载体等也在随着时代的发展而不断变化。

第三节 大学生思想政治教育对西方国家思想政治教育经验的借鉴

为促进我国大学生思想政治教育进一步发展，我们不仅要吸取中华文化的优秀成分，而且要汲取世界一切先进文化的精华。西方多元文化教育思想对我国大学生思想政治教育具有重要的借鉴意义。

一、对西方古代教育理论的借鉴

（一）美德即知识

这一教育理念是由苏格拉底提出来的。苏格拉底是古希腊伟大的思想家、哲学家，是西方伦理道德史上第一个道德教育家、西方教育理论的开创者。他一生致力于聚徒讲学，尽管同孔子一样“述而不作”，但其教育思想通过柏拉图、色诺芬等学生的著作而在西方世界广为流传，影响深远。苏格拉底的德育思想与其哲学观点密切相关，在西方哲学史上，他最早实现了从关注自然到关注人的伦理学转向。他认为，教育的目的是发展人，以培养出具备高尚品德和渊博知识的人才。其“美德即知识”“认识你自己”等命题以及“产婆术”教学法都为思想道德教育提供了丰富的思想内容。

（二）理想教育模式

这一模式是由柏拉图提出的。柏拉图是古希腊伟大的哲学家、教育家和思想家，他是苏格拉底的学生、亚里士多德的老师，是客观唯心主义的奠基人。柏拉图的道德教育思想主要体现在哲学著作《理想国》中，这是西方最早系统地论述教育的一部著作，被卢梭誉为“一篇最好的教育论文”。在书中他以理念论为基础制定了一个建立理想国家的方案，并系统地阐述了理想教育模式，思想道德教育贯穿其中，被认为是保证国家实现正义的决定性因素。

一方面，柏拉图认为知识和德行都是先天的来自人自身的“理念”。他把世界分为现实世界和理念世界，认为事物的本源在于理念，所有的事物都是对理念世界的描摹，而“善”是理念世界的最高等级内容。他认为，人的灵魂具有先天的知识与“善”，灵魂是独立于个体的知识而存在的。这些观点构成柏拉图理想国中道德教育思想的理论基石。

另一方面，在理念的影响下，柏拉图认为理想教育模式的德育路径是天生、实践与学习。教育的目的在于引导人们从现象世界转向理念世界，从而接近自身所能接触的最高等级的善。在实践方面，柏拉图尤其重视对儿童习惯的培养，重视德育过程中环境对人的潜移默化的影响，尤其是在人的幼年时期和青年时期。

（三）美德乃中庸之道

这一教育思想是由亚里士多德提出来的。亚里士多德是古希腊著名的哲学家、教育家和科学家，是古希腊百科全书式的人物以及教育思想和教育经验的集大成者。他对道德教育做了比较全面和系统的阐述和论证，其德行论使古希腊伦理学达到了顶峰。他的道德教育思想是西方传统德育理论的重要基石。他首次提出了教育必须适应人的自然发展原则、必须按年龄特征来划分受教育阶段，最早从理论上论证了和谐发展教育的必要性。亚里士多德是最早关注受教育者的思想家，他提出“美德乃中庸之道”，认为知识对于美德是极为重要的。但这并不是唯一的必要条件，只是人的道德行为的指导，美德的形成需要知行统一，道德的最高境界是达到中庸。亚里士多德还提出了影响道德教育的三个因素，即天赋、习惯、理性，认为美德的形成不仅仅要靠天性，还需要后天养成的行为习惯，最终达到发展理性、完善美德的目标。

（四）雄辩家的教育思想

昆体良是古罗马教育史上教育思想和教育经验的集大成者，是西方古代第一个专门论述教育问题的思想家、教育家和雄辩家。其十二卷巨著《雄辩术原理》，全面地总结了古代希腊、罗马的教育思想和教育经验，系统地论述了青年一代的教育问题。该书一度失传，直到公元1418年被重新发现后引起了人文主义者的极大反响，成为文艺复兴时期人文主义教育观的重要思想来源。昆体良的教育目标在于培养雄辩家，但他认为道德素质是理想的雄辩家所应具备的首要素质，提出了适应自然的道德教育方法。

首先，昆体良把道德培养看成雄辩家教育工作的首要任务，强调道德教育的作用。昆体良认为，优秀的雄辩家首先应具有崇高的品德，高尚的德行要比突出的才能更加重要。他不仅把道德培养摆在教育工作的首要位置，还强调教育在个人道德品质形成过程中的重要作用。昆体良主张把道德原理作为学校的主要课程，并且很有预见性地提出了学前教育、初等教育、中等教育和高等教育四个阶段的全部教育问题。各个阶段都安排相应的德育内容和德育方法，以期通过循序渐进、须臾不可间断的德育，使学生获得正义、善良、节制、刚毅、机智等品质，成为一个有德行的人。

其次，昆体良提出了教育应适应自然的原则和方法。昆体良承认天赋差异的存在，主张教育顺应人的自然天性，在此基础上，他还提出了一些重要的道德教育原则。他认为教育应及早开始："愈是年龄小，头脑就愈易于接受小事情。正如只有在身体柔软的时期，四肢才能任意弯曲，强壮本身也使头脑对大多数事物更难于接受。"另外，教育应因材施教。"应当首先弄清他（学生）的能力和资质"，并"善于精细地观察学生能力的差异……因为每个人的才能的确有不可思议的差别。人心不同各如其面"，因而要在"教学中考虑个人的特殊情况和需要，使每个学生都能发挥各自的长处"。昆体良还提出了教学应当遵循循序渐进的原则。他认为优秀的教师应首先了解学生的个性及能力，尊重学生的理解能力、接受能力，与儿童的天性密切结合，使二者相辅相成、相互促进，实现好的教学。

最后，昆体良高度重视教师在思想道德教育中的作用。他认为教师在教育中应才德俱优、言传身教、为人师表；教师应具备渊博的知识、澎湃的激情、高超的教学艺术；教师在教学中应运用激励、赞美的方式来激发学生学习的积极性。教师不仅要知识渊博，还应该讲究教学艺术，寓教于乐，形式多样，尽量采用启发式教学。教师应当遵循自然教育原则，深入了解学生的心理特征、个性、才能和兴趣，更有针对性地组织教学。

二、对西方近代教育理论的借鉴

（一）绅士教育思想

绅士教育是代表近代欧洲新兴资产阶级利益的一种教育观。作为绅士教育的积极倡导者，约翰·洛克受到绅士文化的深刻影响，同时又赋予其新的内涵，将新观念与旧传统融于一体，更恰当地表达了当时英国新兴资产阶级和新贵族的教育要求。正如马克思所指出的，洛克是一切形式的新兴资产阶级的代表。洛克把培养绅士看作教育的最高目的，认为真正的绅士具备“德行、智慧、礼仪和学问”四种精神品质。洛克的道德教育思想正是围绕着绅士教育的目的展开的。

①洛克绅士教育的理论基础和内容。“我们日常所见的人中，他们之所以或好与坏，或有用与无用，十分之八九都是由他们所受的教育决定的。人类之所以千差万别，便是由于教育之故。”根据绅士教育的目的，洛克主张从德、智、体三个方面系统对绅士进行教育。他最重视体育，认为一个健康的身体是绅士从事工作的基础；其次是德育，洛克认为良好的德行是绅士的灵魂；而智育则是对绅士一切活动的辅助。在德行教育方面，绅士的德行应该具备两方面的内容。第一是理智，因为一切道德与价值的重要原则及基础在于顺从理性所认为最好的指导来克制自己的欲望，所以德行教育首先是自制力的培养，即培养坚忍的性格以使自己的言行符合社会的道德规范。第二是礼仪，礼仪意味着良好的言行举止和行为态度。美德固然是精神上的一种宝藏，但使其焕发光彩的则是良好的礼仪。

②洛克绅士道德教育思想的原则和方法。洛克认为：“导师不只应该进行劝导谈论，而且应该利用教育的工作技巧，把它提供给心理，把它固定在心田里面。”在德育的原则和方法上，洛克提出了以下几点理论。①道德教育应顺应自然和理性约束。洛克认为，教育要符合儿童“心性”，要根据儿童的个别差异因材施教。同时，人是具有理性的动物，要通过规范约束、习惯养成使其长大后能自觉接受理智的规范与约束。②道德教育应及早实践，及早训练。幼时，儿童未接受任何的知识，心智未开，最容易接受基本的道德规则，而且会受益终身。③道德教育应宽严有度和奖罚得当。洛克认为对孩子既要亲近又要让他有所敬畏，只有宽严结合且有度，才能使其遵守规范。奖励主要是称赞和鼓励，重在培养人们的荣誉感，而非物质奖励。惩罚特别是体罚应尽量少用。④道德教育应该综合运用说理、习惯养成与榜样教育的方法。洛克认为，由于人是理性的动物，说理是教育人们尤其是教育青少年的有效办法。他还主张在说理的同时遵循相应的规则，通过反复练习养成习惯。而一旦养成良好的习惯，就不需要死记规则；他认为在各种教育方法中，榜样示范是最简明、最容易而又最有效的办法，因为榜样示范符合儿童模仿性强的特点，其教育效果比口头说教要好得多。

（二）自然教育理论

这一著名的教育理论是由卢梭提出的。卢梭是18世纪法国杰出的文学家、启蒙思想家、哲学家和教育思想家，著有《论科学与艺术》《论人类不平等的起源和基础》《社会契约论》《爱弥儿》《新爱洛伊丝》《忏悔录》等伟大的作品。其中哲理小说《爱弥儿》是他的教育代表作，被誉为西方教育思想史上三大里程碑式著作之一。该书通过阐述爱弥儿的成长过程，系统地阐述了他的自然主义教育理论。卢梭的自然教育思想在西方教育领域引起了“哥白尼式的革命”，被誉为新旧教育的分水岭。

自然教育原则是卢梭德育思想的基本法则。在卢梭看来，人的教育来自三个方面：或是受之于自然，或是受之于人，或是受之于环境。我们从一出生就拥有的器官和才能的发展是自然界赐予我们的，这是自然的教育。在此基础上，我们通过被不断地教育教导，知道什么事情可以做，什么事情不可以做，这是人的教育。环境教育则是指在外在的环境氛围以及身边事物的影响和熏陶下，我们不断丰富自己的知识并提高能力。对于环境教育人们可以有所把握，人的教育完全取决于人；而自然的教育是人所不能办到的，必须在自然环境中方能实现。卢梭还提出了自然教育分期理论和德育内容与方法。自然教育原则要求教师顺应儿童天性发展，这就必须考虑两个方面的内容。第一，要考虑人的发展的自然进程，并以此确定教育目的、内容和方法；第二，要考虑到人有善良和自爱的天性。而道德教育主要是与人的情感相关联的教育，所以道德教育的关键在于把人们天性中的自爱发展为博爱的情感。在自然教育分期方面，卢梭认为自然教育可划分为四个时期：幼儿期、儿童期、少年期、青年期。在《爱弥儿》中，卢梭对四个时期的教育重点都有所论述。他强调教育应该逐渐从自然走向社会，培养能够承担“自然后果”的社会人。另外，自然教育原则在卢梭的道德教育思想的体现，可以概括为道德教育以情感培养为主要内容，以实践活动的学习为重要路径。一方面，要让受教育者在自身成长和教育中处于主导地位，要遵循由浅入深、从具体到抽象的道德观念发展规律，从习惯养成着手，进而培养道德情感、道德意志。另一方面，要从实践活动中学习，卢梭反对道德说教、死记硬背以及严格的纪律，强调要以行动而不以言语来实施教育。

（三）社会道德教育

这一教育理念是由功能主义教育思想的代表人物埃米尔·涂尔干提出的。涂尔干是法国著名的社会学家和教育学家，是教育社会学的奠基人、功能主义教育思想的主要代表人物。在道德教育问题上他独树一帜，第一个把道德视为社会现实，用社会学的研究方法来研究道德，把世俗道德从宗教道德中分离出来，提出了道德三要素理论。其道德教育思想主要体现在《道德教育》《教育与社会学》《社会学研究方法论》等书中。

涂尔干提出了道德三要素理论，他认为世俗道德是由纪律精神、牺牲精神（对社会群体的依恋）和知性精神（自主或自决）三个要素组成的。他从社会学的眼光来看待道德教育，认为其中的首要要素就是纪律。道德的次要要素就是个人对社会群体的依恋。他认为，“如果人要成为一种有道德的存在，他就必须献身于某种不同于他自己的东西，他必须感到与社会一致……道德的起点就是社会生活的起点”。道德的第三个要素就是道德的知性。涂尔干认为，道德良知需要的是行之有效的自主性，而科学是我们自主性的源泉。在涂尔干看来，道德教育的目的就是培养儿童形成道德三要素。他将纪律作为考察的起点，认为正是通过对学校纪律的宣扬，我们才得以向儿童内心灌输纪律精神。学校是个体品德社会化的合适环境，小学阶段是儿童离开父母开始进入集体生活的时期，因而是最合适的道德教育实施阶段。涂尔干还专门讨论了学校道德教育中的几个问题。首先在儿童的心理特点与纪律精神的培养方面，他认为儿童心理既有流动易变和情绪化的特征，又有习惯性和易受暗示性特征，教师应恰当利用这两方面的特征培养儿童的纪律精神。其次在教师的权威问题上，由于教师是时代和国家道德观念的诠释者，因此他必须有坚强的意志力，对自身职责有神圣的庄严感。再次是学校道德教育中的惩罚与奖赏问题，“为纪律赋予权威的并不是惩罚，而导致纪律丧失权威的却是惩罚”。最后，涂尔干提出了道德教育和道德教学、道德现实与道德理想等概念的区别。他认为，道德教育重在形成习惯、唤起情感和激发行为动机，即培养纪律精神和牺牲精神。

三、对西方现代教育理论的借鉴

（一）实用主义道德教育思想

约翰·杜威是美国实用主义哲学思想的代表人物、实用主义教育的创始人，其实用主义教育思想不仅对美国，而且对世界许多国家包括中国、苏联的学校教育都曾产生过广泛而深刻的影响。当时，社会上的“传统教育”思想使美国学校教育与社会生活完全脱节，杜威的实用主义教育思想正是以“传统教育”思想为对立面而形成并发展的。它建构于实用主义经验论、机能心理学和民主主义的理论基础上，强调教育与生活、学校与社会的联系，强调从实践中学习。学校道德教育理论是杜威实用主义教育理论的重要组成部分，主要体现在他的《教育中的道德原理》《学校与社会》《中学伦理学教育》和《民主主义与教育》等论著中。

“教育即生活”与“学校即社会”是杜威教育思想中的两个基本观点。他认为，教育是经验不断累积的过程，是经验的生成、生长过程，最好的教育是从生活中学习、从经验中学习，所以“教育即生活”“教育即生长”。另外，教育是一个社会生活过程，学校生活就是社会生活的一部分，学校必须为儿童呈现现在的社会生活，因而学校应该是一个社会的雏形，“学校即社会”。杜威认为，思想道德教育的目的是培养美国社会的良好公民。他反对传统道德教育脱离现实生活而进行纯道德观念的传授，强调教育应与生活和社会保持一致，因为“只有当学校本身是一个小规模的合作化社会的时候，教育才能使儿童为将来的社会生活做准备”。这就意味着学校思想道德教育的内容要以社会生活为主。

“以儿童为中心”“从做中学”是杜威实用主义道德教育的基本原则。杜威提出，教育的基本原则应该是“以儿童为中心”和“从做中学”。“以儿童为中心”，就是一切以儿童为出发点，一切为儿童服务。杜威认为学校道德教育要采取间接的道德教育途径，即将道德教育寓于学校生活、各类学科的教学和日常学习生活实践中，特别是要通过组织儿童参加各种活动和社会实践来加强道德教育。他提出两种学校道德教育方法。一是以探究、商量和讨论的方法代替传统教育中强制性灌输的方法，这是“以儿童为中心”的必然要求。

二是“从做中学”，即采取社会实践的道德教育方法。他认为通过社会实践可以避免传统道德教育由于空洞说教、强行灌输而导致的知行脱节的问题。

（二）个性全面和谐发展思想

“个性全面和谐发展”教育思想于20世纪中期在苏联产生，其主要代表人物是苏联教育家苏霍姆林斯基。“个性全面和谐发展”教育思想提倡由体育、德育、智育、劳动教育和美育组成的个性全面和谐发展教育，强调把学生培养成个性全面和谐发展的人。

苏霍姆林斯基的个性全面和谐发展理论认为，道德教育必须遵循以下四条基本原则。

其一，必须尽量使人们丰富多样的才能、天赋、兴趣和爱好等个性特点充分发展。这就要求教师要尽可能了解孩子的个性特点，因材施教。

其二，集体的道德素质是个体道德素质的源泉。由于外部环境是学生精神生活的决定因素，而学校集体是学生的外部环境，所以苏霍姆林斯基强调集体教育，重视学校集体对学生道德教育的特殊作用。

其三，在德育中要重视培养学生的自我教育能力。苏霍姆林斯基认为，只有激发自我教育的教育才是真正的教育。在丰富多彩的集体生活的基础上，教育的关键就在于激发学生良好的精神状态以及进行自我教育的愿望和要求。儿童只有通过自我教育和不断努力，才能形成良好的道德品质。

其四，宽恕优于惩罚，惩罚必先教育。在苏霍姆林斯基看来，惩罚要少用、慎用，惩罚的目的在于教育，惩罚必先教育才有意义。不过，只要儿童不是故意作恶，一般都不应给予惩罚。在这种情况下，恰恰可以通过宽恕触及儿童内心的敏感部分，使其产生改错的意愿和积极性。这一原则对现在的教育来说也是很有益的。

在具体实施德育的过程中，苏霍姆林斯基认为以下几方面非常重要。①要注意儿童良好道德习惯的培养。童年是道德习惯养成的关键时期，必须重视道德教育，使他们逐步认识社会的道德准则，尽早养成良好的道德习惯。②要注意培养儿童丰富的道德情感。他认为，道德情感是“道德信念、原则性和精神力量的核心和血肉；没有情感，道德就会变成枯燥无味的空话”。③要帮助儿童树立坚定的道德信念。苏霍姆林斯基深刻认识到，道德信念是道德发展的最高目标。德育就是要在儿童的心中把道德概念变为道德信念，只有当道德行为形成道德习惯并最终成为儿童内心信念支配下的行动时，儿童才能够把道德行为、道德习惯、道德情感和道德意识全部融为一体，才能称得上形成了自己的道德品质。

第三章　基于新媒体环境的大学生思想政治教育概论

第一节　基于新媒体环境的大学生思想政治教育的内涵与理论指导

一、基于新媒体环境的大学生思想政治教育的概念

大学生思想政治教育是指一定的社会用一定的思想观念、政治观点、社会规范，对大学生施加有目的、有计划、有组织的教育影响，使他们形成符合该社会所要求的思想政治品德的社会实践活动。在我国，大学生思想政治教育是指教育者按照我国社会发展要求对大学生进行教育，使他们形成符合我国社会所要求的思想政治品德的社会实践活动。

二、大学生思想政治教育的理论指导与主要理论依据

（一）坚持马克思主义科学体系对大学生思想政治教育的指导

马克思主义是一个由一系列的基本理论、基本观点和基本方法构成的完整而科学的体系。它可以分为两大部分，一是马克思主义的基本原理，二是中国化的马克思主义。坚持马克思主义对大学生思想政治教育的指导，指坚持用完整、准确和发展的马克思主义来指导。只有完整、准确地把握好马克思主义，用发展的观点来把握好马克思主义，才是科学地把握马克思主义。只有科学地把握好马克思主义，才能使马克思主义对大学生思想政治教育的指导落到实处。

1. 用马克思主义的基本原理指导大学生思想政治教育

马克思主义的基本原理主要由马克思主义哲学、政治经济学和科学社会主义三个部分组成。大学生思想政治教育以马克思主义基本原理为指导，主要是指这三个部分的指导。

（1）马克思主义哲学的指导

马克思主义哲学，即辩证唯物主义和历史唯物主义。它是研究自然、社会和人类思维一般规律的科学，为我们提供了科学的世界观和科学的方法论，是马克思主义全部学说的基础，是一切学科研究的根本指导思想，也是思想政治教育学研究的根本指导思想。坚持以马克思主义哲学为指导，就是要运用马克思主义唯物的观点、辩证的观点、实践的观点、群众的观点、阶级的观点、社会矛盾的观点，以科学的方法为指导，来分析和解决大学生思想政治教育中的问题，来构建大学生思想政治教育的科学理论体系。

（2）马克思主义政治经济学的指导

马克思主义政治经济学揭示了资本主义的基本矛盾，论述了生产力和生产关系辩证统一的理论，阐明了经济关系和物质利益的原理，科学地揭示了人们从事社会实践活动的物质动因。马克思主义的物质利益观要求大学生思想政治教育要与大学生的利益相结合而不是相分离。这就为大学生思想政治教育解决大学生的实际问题提供了理论依据。

（3）科学社会主义的指导

科学社会主义理论分析了资本主义生产关系，发现了剩余价值，从而彻底地揭示了资本主义的剥削实质及其产生、发展和灭亡的规律，科学地论证了社会主义代替资本主义的历史必然性，这就为大学生思想政治教育规定了根本目的和任务。大学生思想政治教育要以科学社会主义理论为指导，引导大学生树立社会主义思想意识，坚持社会主义方向，牢固确立建设中国特色社会主义的共同理想和实现共产主义的坚定信念。这是大学生思想政治教育坚持科学社会主义理论指导的根本原因。

2. 用 21 世纪的马克思主义指导大学生思想政治教育

习近平新时代中国特色社会主义思想，是我们党理论创新的最新成果，是当代中国的马克思主义、21 世纪的马克思主义。21 世纪的马克思主义是引领方向、凝心聚魂的精神旗帜，具有重大政治意义；21 世纪的马克思主义在继往开来中汲取历史智慧、揭示发展规律，具有重大历史意义；21 世纪的马克思主义构建了马克思主义崭新形态，具有重大理论意义。

21 世纪的马克思主义对大学生思想政治教育的指导是系统而全面的指导，不仅包括对大学生思想政治教育的方向、目的、地位、任务、内容、范畴、功能、原则、对象、方法、创新的指导，也包括对如何加强大学生思想政治教育队伍的管理与建设、加强大学生思想政治教育的环境建设、加强对大学生思想政治教育的指导等，这种指导的内容十分丰富。

（二）大学生思想政治教育的主要理论依据

在完整、准确地学习、把握马克思主义科学体系的基础上，需要进一步把握与大学生思想政治教育密切相关、应用最多的马克思主义基本理论原理。这些基本理论原理主要有以下几个方面。

1. 社会历史发展总趋势的理论

马克思主义从社会存在与社会意识的辩证关系出发，深刻地揭示了生产力和生产关系、经济基础和上层建筑的矛盾运动等一系列规律，指出社会形态的发展是由经济基础和上层建筑的矛盾直接推动的，而经济基础和上层建筑的矛盾又受到生产力和生产关系的矛盾的制约，社会生产力的发展是社会形态更替的根本动力和根本原因。这为我们正确认识资本主义社会和社会主义社会，为我们从根本上认识马克思主义关于社会历史发展总趋势的理论，从总体上决定了大学生思想政治教育的地位、作用、目的、任务、内容和效果。大学生思想政治教育是中国特色社会主义事业的重要组成部分，是为实现中国特色社会主义历史使命服务的，具有十分重要的战略地位。大学生思想政治教育的根本目的在于帮助大学生树立中国特色社会主义的共同理想，坚定对社会主义的信念，培育一代又一代中国特色社会主义的建设者和接班人，保证中国特色社会主义的性质和方向。大学生思想政治教育内容的正确与否，都要以是否符合社会历史发展的必然趋势和要求为根本标准；大学生思想政治教育效果的好坏，主要视其对大学生树立坚定的社会主义信念、增强大学生的历史使命感、提高大学生的思想政治素质所起的作用而定。

2. 社会存在与社会意识辩证关系的原理

社会存在与社会意识辩证关系的原理，是唯物史观最根本的原理，它科学地回答了社会历史观的基本问题，揭示了唯物史观的实质。正确认识这一问题是解决其他社会历史观问题的基础和前提。

社会存在与社会意识辩证关系原理的基本内容是：社会存在决定社会意识，社会意识是社会存在的反映，社会存在的性质和变化决定社会意识的性质和变化。社会意识具有相对的独立性，对社会存在具有能动的反作用。进步的、革命的、科学的社会意识能够促进、加速社会存在的发展，落后的、反动的、不科学的社会意识对社会存在的发展变化起着阻碍、延缓的作用。

这一原理要求我们在大学生思想政治教育工作中正确认识两者的关系，既要认识到社会存在的决定作用，又要认识到社会意识具有相对独立性，对社会存在具有能动的反作用，要帮助大学生树立正确的社会意识，消除错误的社会意识；要正确认识两者的辩证关系，既要反对片面夸大社会意识能动作用，否认社会存在的决定作用，防止大学生思想政治教育“万能论”的错误倾向，又要反对否认社会意识能动性，防止大学生思想政治教育“无用论”的错误倾向。

这一原理告诉我们，社会存在的多样性必然会造成大学生思想的复杂性。开展大学生思想政治教育就必须考察大学生在社会生活中所处的地位，所处的政治环境、经济环境、文化环境、人际环境和身心发展的特点，以便把握其思想的形成、变化的外部影响因素，根据社会存在决定人们思想的规律，有针对性地开展教育活动，增强大学生思想政治教育的有效性和科学性。这一原理告诉我们，教育者的任务必须是通过教育活动发挥好社会意识的能动作用，向大学生传播先进的、科学的思想和原理，以此武装大学生的头脑，帮助大学生转变落后的、错误的思想认识，促进大学生健康成长成才。总之，社会存在与社会意识辩证关系的原理，为我们正确认识大学生某一思想的产生、发展规律，认识大学生思想政治教育的本质，为确立大学生思想政治教育的地位、作用提供了科学的理论依据，是开展大学生思想政治教育的锐利武器。

3. 正确处理人民内部矛盾的学说

在社会主义改造基本完成以后，剥削阶级作为完整的阶级已被消灭，阶级斗争已不再是我国社会的主要矛盾，人民内部矛盾已成为我国社会生活的主要矛盾，严格区分和正确处理两类不同性质的矛盾就显得十分重要。

大学生思想与行为中的矛盾一般都是人民内部矛盾，因此，关于正确处理人民内部矛盾的学说，是我们确定大学生思想政治教育的方针、原则、立场、态度、方法的直接理论依据。对于大学生的思想认识问题，只能采取讨论的方法、说理的方法、批评和自我批评的方法去解决。在大学生思想政治教育工作中，只有符合正确处理人民内部矛盾要求的教育方针、原则、立场、态度、方法才是正确的；反之，则是错误和有害的。

4. 人的本质的学说

马克思主义科学地揭示了人的本质，认为人的本质在于人的社会性，是人区别于动物的本质属性。人的“本质不是人的胡子、血液、抽象的肉体的本性，而是人的社会特质”，“人是最名副其实的社会动物，不仅是一种合群的动物，而且是只有在社会中才能独立的动物”，“人的本质不是单个人所固有的抽象物，在其现实性上，它是一切社会关系的总和”。社会关系的内容是极其丰富的，有经济关系、政治关系、法律关系、文化关系、伦理道德关系、民族关系、家庭关系，等等。其中，经济关系起主导作用，它是一切社会关系中的主要因素，政治、文化关系建立在经济关系基础上，受经济关系制约。人与动物区别开来的主要标志是人们的生产劳动。

马克思主义关于人的本质理论，为我们正确认识大学生、科学开展大学生思想政治教育活动提供了理论指导。大学生思想政治教育的对象是大学生。大学生思想政治教育是帮助大学生树立正确思想的一种教育实践活动。科学地开展大学生思想政治教育活动，必须先要认识大学生、了解大学生，把握大学生的思想形成与发展规律。研究和掌握人的本质理论有助于教育者正确认识大学生和把握大学生的思想形成与发展规律。这是因为，第一，大学生的思想是在一定的社会关系中，通过参加社会实践活动而形成、发展的，各种社会关系对大学生思想的形成和发展产生极其重大的影响，其中经济关系对大学生的思想影响是关键。在坚持人的本质在于人的社会性的前提下，我们通过考察各种社会关系对大学生思想的影响，有助于认识和把握大学生思想形成的物质原因和社会根源。第二，大学生的本质是变化发展的，这种变化发展必然导致大学生思想的变化，研究人的本质变化、发展的理论，有助于我们科学地、动态地认识大学生思想发展、变化的特点。第三，大学生的本质是在一切社会交往关系中实现的。大学生的社会交往关系越丰富，大学生活动范围和接触事物的广度和深度就必然增加，这样一来，大学生就能从中接收丰富的信息和进行广泛的人与人之间的思想交往。例如，在教育活动中与教育者的双向交往与互动，就会使大学生受到教育者的引导和帮助，使其形成新的思想政治品德。所以，在人的本质理论指导下，不仅可以认识大学生的思想形成规律，而且能遵循大学生的思想政治品德形成规律，科学地实施教育活动。总之，只有坚持以马克思主义人的本质学说为指导，才有可能科学地分析大学生的本质和思想特点，营造良好的育人环境，引导大学生树立正确的世界观、人生观、价值观，使大学生的成长成才与我国社会发展进步的方向相一致。

5. 人的全面发展的理论

马克思主义关于人的全面发展，是指个人劳动能力（体力和智力的）多方面的、充分的、和谐的、自由的发展。这里所说的“个人”，不是指个别人，而是指“每个人”“任何人”“全体社会成员”。人的全面发展是相对于人的片面发展而言的。人的片面发展是指私有制下的旧式社会分工造成的使人终身束缚于一种职能的畸形状态，这种片面发展的人，只是承担一种社会局部职能的局部个人。按照马克思主义对全面发展的人的论断，他们应该是“会做一切工作的人”“具有尽可能广泛需要的人”“高度文明的人”。

马克思主义关于人的全面发展的理论，是党和国家确定大学教育方针、目的和培养规格，确定大学生思想政治教育根本任务和目标的重要理论根据。

人的全面发展理论要求大学为社会培养全面发展的人。为达到这一目的，大学必须施行全面发展的教育，全面发展的教育包括德育、智育、体育和美育，它们有各自的特点、功能和规律，是相对独立的，对于实现人的全面发展又是缺一不可的，不能互相代替。同时，它们又是相互联系、相互制约的。大学生思想政治教育，即大学全面发展教育中的德育，它是大学全面发展教育的重要组成部分，是大学生全面发展诸因素中的主导因素，关系到大学生成长成才的方向，对大学生的全面发展具有重要的保证、促进作用，是大学教育的根本内容。教育者的责任之一就是要教育引导大学生正确认识和处理好诸因素之间的关系，为培养全面发展的人才做出应有的贡献。

人的全面发展理论要求在大学生思想政治教育过程中，注重开发大学生的身心潜能，充分发挥大学生的自主能动性，引导教育大学生广泛培养兴趣、爱好，提高大学生的社会交往能力，增强他们的创造意识，锻炼他们的创造能力。这是大学生全面发展教育和提高国民素质的应有之义，也是增强大学生的本质力量、推动社会进步之需。

第二节 基于新媒体环境的大学生思想政治教育的特点

一、我国基于新媒体环境的大学生思想政治教育的特点

（一）开放性

全球化是当今时代的重要特征和必然趋势。全球化时代的高等教育是一种开放式教育，在这一背景下，大学生思想政治教育无论是教学的环境、过程，还是内容的开放性越来越显著，突出地表现为：在中外政治、经济和文化交流活动日益频繁的形势下，不同国家的基于新媒体环境的大学生思想政治教育可以求同存异和相互借鉴；高等教育和社会之间的界限逐渐变得模糊起来，基于新媒体环境的高校思想政治教育更加贴近社会实际生活；大学生自觉地把自己融入社会中去，各种社会思潮在当代大学生身上都有不同程度的体现；高校的改革和发展必须接受市场的检验和选择，高校和社会之间共生互动的新格局正在形成。基于新媒体环境的高校思想政治教育只有与全球教育发展的历史趋势相适应，与社会主义市场经济建设的进程相协调，与当代大学生的全面发展相结合，发扬与时俱进和求真务实的精神，才能永葆生机和活力。

基于新媒体环境的高校思想政治理论课的开放性教学特点主要表现在以下几方面。

1. 人本性

“人本性”是相对“物本性”“神本性”而言的。“以人为本”强调人的价值高于物的价值和神的价值。从价值论视角看，坚持“以人为本”，就是强调人的价值的至上性。马克思主义坚持以最广大人民即绝大多数人为本，坚持以解放全人类、促进每一个人自由全面发展为最终目标。基于新媒体环境的高校思想政治理论课开放性教学是以马克思主义“人本论”为理论基础的。基于新媒体环境的高校思想政治理论课不同于一般的专业课程，它的主要任务是培养大学生的思想政治素质、突出大学生的主体性，这就决定它必须坚持马克思主义的“人本论”。基于新媒体环境的高校思想政治理论课开放性教学的“人本性”主要体现在三个方面。第一，体现在它把“以学生为本”作为核心理念。“以学生为本”这一理念是实施基于新媒体环境的高校思想政治理论课开放性教学的理论基石，是贯穿于这一教学模式的中心线索，是渗透于这一教学模式的精神灵魂，是决定这一教学模式性质的精神实质。第二，基于新媒体环境的高校思想政治理论课开放性教学的“人本性”体现为教学方法的人本性。它要求思想政治理论课教师在教学中要关心学生、爱护学生、尊重学生、体贴学生、帮助学生、引导学生，而不能压制学生，更不能打骂学生、贬低学生。第三，基于新媒体环境的高校思想政治理论课开放性教学的“人本性”还体现为其教学目

的是满足学生的精神文化需求，促进学生全面发展。

2. 科学性

“科学”与“人本”是两种不同的价值取向，科学的价值取向是求真，人本则是求善；科学属于合规律性，人本属于合目的性。基于新媒体环境的高校思想政治理论课开放性教学新模式不仅具有人本性，而且具有科学性，是求善与求真的统一、合目的性与合规律性的统一。基于新媒体环境的高校思想政治理论课开放性教学模式具有科学性，主要因为它是以科学理论为依据、以科学实践为基础、以科学精神为指导，运用科学方法构建起来的。科学立场即实事求是的辩证唯物主义立场。基于新媒体环境的高校思想政治理论课开放性教学是建立在科学立场基础上的。它要求我们在思想政治理论课教学中坚持一切从实际出发，按客观的教学规律办事，求真务实，做到“不唯书、不唯上，要唯实”。

第一，基于新媒体环境的高校思想政治理论课开放性教学是以科学理论为依据的。马克思主义理论是人类历史上最科学的世界观和方法论，是追求真理、探索真理、揭示客观规律的行动指南。基于新媒体环境的高校思想政治理论课开放性教学模式就是以马克思主义为理论基础的，马克思主义关于“以人为本”的思想是“以学生为本”这一新的教学理念的哲学基础。马克思主义既是科学的世界观，又是科学的方法论。高校思想政治理论课开放性教学模式就是以马克思主义为指导，运用马克思主义的科学方法论建构起来的。高校思想政治理论课开放性教学不仅以马克思主义为理论基础，而且批判地吸收了现代西方教学理论中的合理成分，比如人本主义教学论、建构主义教学论等都为思想政治理论课开放性教学提供了科学的理论依据。

第二，基于新媒体环境的高校思想政治理论课开放性教学是一个完整的科学体系。它由“一个核心理念”与“三个基本要素”构成，层次清楚，逻辑严密，具有系统整体性特征。离开了系统整体性，就不能成为一个科学体系。基于新媒体环境的高校思想政治理论课开放性教学新模式是一个有机的整体，“一个核心理念”与“三个基本要素”有机结合，缺一不可。

第三，基于新媒体环境的高校思想政治理论课开放性教学采用了科学方法。高校思想政治理论课开放性教学运用了马克思主义的科学方法论，而唯物辩证法是分析问题和解决问题的最常用的科学方法论。这一教学模式正确处理了教师指导主体与学生学习主体的辩证关系、科学性与人本性的辩证关系、教学管理与人文关怀的辩证关系、校园内部环境与外部环境的辩证关系、传统教学手段与现代教学手段的辩证关系、传承科学文化与创新科学文化的辩证关系、传统思维方式与创新思维方式的辩证关系，充分体现了唯物辩证法的思维方法。此外，还采用了现代科学方法，比如系统科学方法、创新科学方法等。

3. 和谐性

“科学性”的价值取向是“求真”，“人本性”的价值取向是“求善”，“和谐性”的价值取向是“求美”。基于新媒体环境的高校思想政治理论课开放性教学的“科学性”“人本性”“和谐性”等特点，体现了其价值取向的多样统一性，实现了“真、善、美”的有机统一。基于新媒体环境的高校思想政治理论课开放性教学具有和谐性的特点。

（二）社会性

高校社会化是高校适应市场经济发展的时代取向，也是彰显高校价值的重要途径。高校社会化不仅包括开放办学、事业发展、教育教学实践、社会服务、科学运作的社会化，而且包括高校后勤工作的社会化。其中，后勤社会化对基于新媒体环境的高校思想政治教育的影响最大，使基于新媒体环境的高校思想政治教育的社会化程度越来越明显。突出表现在：社会大环境与校园小环境之间呈现立体式交叉渗透、动态式交流合作的格局，尤其是校园周边环境对大学生的思想发展具有重要的影响；各种教育教学基地、爱国主义教育基地、社会实践基地等教育基地建立起来并发挥着积极作用，社会实践成为大学生思想政治教育的重要组织形式。基于新媒体环境的高校思想政治教育只有自觉地融入丰富多彩的社会生活中去，才能真正实现内容、方法、途径、机制和体制的创新，才能有效地促进青年全面健康成长。

高校社会化对大学生的生活方式、交际方式、思维方式和价值取向会产生重大而深刻的影响，使得基于新媒体环境的高校思想政治教育比计划经济时代更加复杂。在高校思想政治教育的社会化过程中，要从大学生的思想实际出发，积极探索基于新媒体环境的高校思想政治教育的新内容、新方法、新手段和新机制，力争在教育思想、教育宗旨、教育模式上有所创新和突破。要积极开展具有民族特色和地方特色的大学生社会实践活动，比如开展贯彻学习十九大专题报告重要思想和加强共产党员先进性教育的宣传活动，以实际行动开启教育新征程，积极开展具有区域和专业特点的大学生实践活动和青年志愿者活动、各种社会公益活动和勤工助学活动，通过实际体验领悟十九大精神。同时，在基于新媒体环境的高校思想政治教育社会化过程中，要始终保持正确的政治方向，增强青年的政治意识、大局意识和战略意识，把他们培养成合格的“四有”新人。基于新媒体环境的高校思想政治教育的社会性和阶级性是一致的。只有保持阶级的先进性，才能确保社会性的正确方向；只有回归社会生活中去，才能使阶级性落到实处。

（三）信息化

人类已经进入了信息化时代。信息技术使人类的物质文明、精神文明和政治文明发生着巨大而深刻的变迁。信息生活成为大学生日常生活的重要组成部分，并全方位地改变着大学生的日常生活、生活方式、思维方式和价值观念。基于新媒体环境的高校思想政治教育信息化是时代发展的客观趋势，也是基于新媒体环境的高校思想政治教育创新的必然举措，突出表现在：教育信息的海量化和更新的快捷性，网络空间的信息资源远远超过了传统的资源，而且更新速度惊人；教育载体的开放性和参与性，网络载体是一个高度开放的新兴载体，任何人在其中都可以平等地进行教育和接受平等的教育；教育实践的隐蔽性和人际情感的间接性，网络教育是一种非面对面的间接性教育，人们可以借助网络接受知识、获取信息、交流情感，避免了人与人之间的面对面接触。要适应基于新媒体环境的高校思想政治教育信息化的要求，传统思想政治教育必须实现与信息化的整合，探索新的教育模式。

针对基于新媒体环境的高校思想政治教育信息化的新特点，一方面要用马克思主义的基本立场、观点和方法对网络文化的“双刃性”进行全面、科学、深入的分析，弘扬主旋律，提倡多样化，坚持基于新媒体环境的高校思想政治教育的社会主义方向不变；另一方面要正确认识信息化的具体特点和功能，发挥信息技术的优势，提高大学生思想政治教育的技术含量和效益。在教育宗旨上，以造就社会人格为本位；在教育主题上，以弘扬主体性为旨归；在教育机制上，以构建网络阵地为重点；在教育方法上，以现代化为取向。在构建基于新媒体环境的高校思想政治教育信息化教育模式的过程中，要正确处理信息化教育和传统教育、自律教育和他律教育以及全球化和民族性之间的关系。

（四）创新性

创新是历史进步和人类自身发展的永恒动力，创新精神是时代精神的集中体现。江泽民同志指出：“创新是一个民族进步的灵魂，是国家兴旺发达的不竭动力。”高校在全民族创新体系建设中承担着重要历史使命，大学生思想政治教育创新是高校创新的重要内容，创新性是新时期基于新媒体环境的高校思想政治教育的重要特征。

大学生思想政治教育的创新包括观念、内容、手段、方法、机制等方面，通过上述方面的创新，目的是实现基于新媒体环境的高校思想政治教育由传统向现代的全面转型。在教育观念创新上，要实现封闭式教育向开放式教育转变，由补救式教育向前瞻式教育转变，由隐性教育向显性教育转变，由模式化教育向个性化教育转变；在教育内容创新上，要加强“三个代表”重要思想教育、科学发展观教育、全球化教育、创新素质教育、人文素质教育和个性化教育；在教育手段创新上，要充分利用现代教育技术发展的成果整合基于新媒体环境的高校思想政治教育资源，实现基于新媒体环境的高校思想政治教育的科技化；在教育方法创新上，要把灌输法和体验法相结合、他教法和自教法相结合、激励法和人格法相结合、传统教育法和现代教育法相结合；在教育机制创新上，要建立科学的管理机制、充分的保障机制、有效的激励机制和全面的评估机制。

在基于新媒体环境的高校思想政治教育创新过程中，要注意吸收中国传统道德教育的精华，继承和发扬党的思想政治教育的优良传统，同时要辩证地吸取国外大学生思想道德教育的有益成分。

（五）人文性

现代化的关键是人的现代化，社会主义的本质是人的全面发展。以人为本的科学发展观的提出，标志着我们党对人类社会发展规律的认识更加深刻，这对新时期各项工作都具有重要的指导意义。基于新媒体环境的高校思想政治教育已经树立了以学生为本的观念，把教育学生和关心学生结合了起来，把塑造学生和服务学生结合了起来，把校园文化建设和学生的健康成才结合了起来，紧密围绕学生的成长和成才来进行，这充分反映出对学生的人文关怀，体现出人文性的特点。

重视对大学生的人文关怀，必须从当代大学生的思想实际出发，树立民主、平等、沟通和协商的新观念，把基于新媒体环境的高校思想政治教育工作做细、做活、做实。要结合全球化对我国意识形态造成冲击的复杂形势和全面建成小康社会对当代青年提出的新要求，引导青年树立正确的世界观、人生观和价值观，成长为中国特色社会主义事业的合格建设者和可靠接班人。要深入细致地研究当代青年思想中的热点、难点和疑点问题，提高他们的人文素质，培养他们的人文精神。要加大校园文化建设的力度，通过各种形式的校园文化活动营造健康、文明、向上的生活氛围。要不断扩大基于新媒体环境的高校思想政治教育的覆盖面，使思想政治教育工作进公寓、进社团、进网络。要针对不同层次的学生开展不同形式的教育，力争使所有学生都能健康成才。要把党的建设工作和学生的思想政治教育工作结合起来，要做好在先进青年中发展党员的工作，实现高年级学生“支部建在班上”的目标。

二、国外思想政治教育的特点

（一）强化国家意识，宣扬主流价值观

从思想政治教育的内容上来看，世界各国大多都把爱国主义教育、国民教育、法制教育、宗教教育作为思想政治教育的重要内容，尤其重视爱国主义教育。在爱国主义教育中又把“国家意识”和主流价值观的培养作为重点，并以此为指导来处理爱国与民族、宗教的关系及个人与社会的关系。

1. 强化国家意识

爱国主义教育作为思想政治教育的一项重要内容受到各国的高度重视，但是各个国家爱国主义教育的侧重点有一定的区别。美国从小学就开始灌输“美国是世界上最好的国家”“当一名美国人比其他国家的国民都好”的思想，逐渐形成了强烈的“美利坚民族意识”；新加坡通过实施“社会认同工程”，开展“共同价值观”大讨论，使华人、印度人、马来人凝聚成“新加坡人”；法国的爱国主义教育侧重对历史文化的珍惜和爱护，通过历史文化激发国民的爱国热情；波兰的爱国主义教育非常具体，各类学校都专门设有爱国主义教育课程，这种教育寓于历史、地理、语文、文学、音乐、美术，甚至物理、化学等自然课程当中；葡萄牙则把爱国主义教育贯穿于平时的各种教育活动中，特别渗透在语文、社会科学常识、历史、音乐等各种课堂中，在中小学课本中突出了葡萄牙的民族历史文化知识和著名人物及其事迹等内容。虽然各国爱国主义教育的侧重点不同，但其核心都是通

过各种直接或间接的教育来强化广大国民的国家意识。

2. 宣扬主流价值观

在国外，爱国主义教育除了要培养国民强烈的国家意识外，还注重培养国民对其社会主流价值观的认同。在社会价值观方面，我们普遍认为西方国家呈现“多元化”的局面。其实不然，几乎每一个国家在“多元”社会价值观中都存在着鲜明的主流价值观。法国的社会价值观教育主要围绕“个性解放”“政教分离”“私人财产不受侵犯”“法治和社会公正”来展开，其中“个性解放”“政教分离”“私人财产不受侵犯”是在同神权、封建王权和专制统治的斗争中逐步实现的，“法治和社会公正”则受到启蒙运动和基督教文明的影响；新加坡作为一个移民国家，把寻找国家利益与个人利益的结合点作为价值观教育的重点，大力弘扬“国家至上”“社会第一”“集体利益首位”等东方价值观。每一个国家都把主流价值观教育作为爱国主义教育的一项重要内容，可以在培养国民爱国意识的同时，提高国民对其社会制度的认同度。

（二）重视隐性手段，灌输与渗透结合

从思想政治教育的方式上来看，各国除了运用课堂教学直接或间接对学生进行教育外，还非常注重运用隐性化手段，对广大学生进行全方位的渗透，把灌输和渗透有机地结合在一起。隐性化的教育手段主要有以下几种。

1. 隐性课堂的潜移默化

美国一位学者在 1970 年提出了“隐性课堂”的概念（“隐性课堂”是相对于我们通常讲的有形第一课堂而言的），他认为校园生活占据了学生大部分时间，要通过校园生活渗透德育教育的内容，使广大学生受到潜移默化的教育。此观点的提出引起了西方各国教育界的高度重视。

2. 开展生活指导服务

通过开展生活指导服务，使学生在接受服务的过程中潜移默化地受到教育。在美国，联邦政府、州政府和各类学校中都设有相应生活指导方面的机构，学校设生活指导委员会，由心理咨询指导、升学指导、就职指导、图书馆指导、课外学习指导、卫生保健指导、俱乐部指导、休假指导等机构组成，为学生提供有关方面的专业服务。在英国，中小学校大都设有“道德指导教师”，该教师“对受他教导的学生负责提出建议或给予忠告”；大学则挑选“训练有素的人”担任学生顾问，当学生遇到问题时及时给予指导。

（三）发挥主观能动性，提高品德践行能力

从思想政治教育主体的角度来看，国外各国都比较注重发挥受教育者的主观能动性，把提高受教育者的品德践行能力作为思想政治教育的重要目标。在欧美国家尤其是美国，

由于长期受“无灌输教育”“道德主体性”“道德教育中立”“价值澄清”等道德教育理论的影响，学校思想政治教育不但重视隐性教育途径的运用，更重视受教育者主观能动性的发挥。从教育的方法上从以教师的教导、说服、劝诫为主转向以学生的小组讨论、角色扮演、社会调查、社会实践、社区服务为主，保证了学生主动参与。从教育的重心上来看，从系统知识教授和良好行为习惯的训练转向培养学生适应当代价值多元特点的品德践行能力。英国学校经常让学生参与做决定的有关活动、设计活动，让学生扮演各种角色；美国组织学生积极参与如保护环境、维护生态平衡、要求和平、反对战争、维护国家经济安全、保护民族利益等社会发展和具有政治意义的活动，以及扶贫救困、扶老助残、公益性义务服务等服务性活动。为保证活动的连续性、实效性和制度化，有些州还通过专门法案并拨专款给予支持，同时建立了跨学校、跨地区的联盟以指导、协调社会实践活动，为活动创造外部条件、提供服务。

三、国外思想政治教育对我国基于新媒体环境的高校思想政治教育的启示

无论是国外思想政治教育所呈现的共同特点还是个案所呈现的个性特点，都对我国在新时期加强和改进大学生思想政治教育有诸多启示，有许多值得我们借鉴之处。概括起来主要有以下几点。

（一）坚持不懈地抓好爱国主义教育

虽然思想政治教育的内容丰富多样，但是只有爱国主义才能团结凝聚人民，才能在各种利益冲突中找到最佳结合点，所以，爱国主义教育不约而同地成为世界各国思想政治教育的主旋律。对于我国来说，目前正处于建设中国特色社会主义的关键时期，需要团结一切可以团结的力量积极投身到社会主义现代化建设中来，而要做到这一点最佳的维系因素就是爱国主义。爱国主义是一个历史的范畴，在不同时代，它的内涵有所不同，当代爱国主义教育的主要内容包括：中国特色的社会主义理论和正确的世界观、人生观、价值观的教育；基本路线和社会主义现代化建设成就的教育；中国历史和中华民族优秀传统文化教育；国情教育。通过开展这些教育增强人们的民族自尊心、自豪感和历史责任感，引导学生为实现社会主义现代化建设的宏伟目标奋发图强、艰苦奋斗。

（二）注重开发社会资源

大学生思想政治教育不是单凭学校教育就行的，必须开发社会资源，充分发挥社会资源的思想政治教育功能。虽然我国积极倡导建立“家庭、学校、社会”三位一体的思想政治教育体系，但是对社会资源的开发力度还不够，有待进一步加强。我国的社会资源十分丰富，可供高校开展思想政治教育的社会资源包括：可用来进行爱国主义教育的博物馆、纪念馆、革命遗址等；可用来进行法制教育的禁毒所、劳教所等；可用来进行理想信念教

育的形势报告会、时事政策辅导会、大型博览会、大型企业、改革师范单位等；可用来提高学生社会认识的社会实践、社区服务等。实践证明，充分利用社会资源有利于加强思想政治教育的针对性，切实提高教育效果。当前的重点在于通过建设“实践教育基地”的形式整合社会资源，并建立一套社会参与的科学机制。

（三）重视运用隐性化教育手段

我国的思想政治教育和国外相比一个最大的特点就是以直接“灌输”为主。虽然“灌输”作为思想政治教育的基本手段，各国的思想政治教育都离不开灌输，但是从方法的层面来讲，应该注重运用隐性化途径对受教育者进行渗透。第一，要发挥“隐性课堂”的思想教育功能。按照杜威“生活即教育”的思想，除了传统的“思想政治理论课”之外，其他课程、校园文化、教师的言行、课外活动、各种仪式以及学生在学校生活的方方面面都会对学生的思想产生潜移默化的影响。一方面要通过加强校园文化建设、学生课外活动管理以及为学生提供生活服务等，发挥环境育人、管理育人、服务育人功能；另一方面要通过加强师德建设和哲学社科类课程建设，发挥教师和哲学社科类课程的育人功能。第二，要通过开展心理咨询服务、职业生涯指导以及帮助贫困生解决实际困难等，使学生在接受服务的过程中受到教育。第三，重视发挥社会实践、志愿服务的思想教育功能。社会实践活动能使学生走出课堂、走向社会、了解社会，增强其社会适应能力和社会责任感；志愿服务有助于培养青年学生“奉献、友爱、互助、进步”的精神。第四，要利用网络开展形式多样的思想政治教育活动，同时加强对学生网络学习的监控和引导；第五，要充分发挥社会资源，尤其是博物馆、纪念馆、革命遗址、大众传媒等的思想教育功能。

（四）提高思想认知和践行能力并重

一般认为，人的任何一种品质都是由认知、情感、行为等构成的综合体，缺少其中任何一个要素都不能构成一种品质。思想政治教育所培养的思想政治品质也不例外。由于我国目前的思想政治教育以直接“灌输”为主，在提高学生思想认知方面有一定的效果，但是并不能很好地内化为学生的自觉行动，所以“知行脱节”的现象比较严重。这就要求我们在提高学生思想认知的基础上，要努力提高学生的品德践行能力；而要提高品德践行能力，离不开一定的实践。教育对象通过实践中的自我体验、自我辨别、自主选择，把外在的思想政治观点转化为内在的约束力，进而形成固定的思维和行为模式。为了达到通过实践提高学生践行能力的目的，我们首先要为教育对象提供机会和实践场所及必要的设施和设备；其次要聘请既懂技术又懂教育的专职教师做指导，引导教育对象在实践中做出正确的思想道德选择；最后要对实践结果进行正确的评估，尤其要把教育对象的思想文化水平和道德素质的提高作为一项重要的考核标准。

总之，国外各国思想政治教育所呈现出来的一些特点给了我们有益的启示。但是我们在借鉴国外思想政治教育工作的有益经验时，应该紧密结合我国社会主义现代化建设的实际，努力探索出一套行之有效的方式、方法、手段和机制，不断提高我国思想政治教育工作的影响力和成效。

第三节　基于新媒体环境的大学生思想政治教育存在的问题及面临的挑战

一、当前基于新媒体环境的大学生思想政治教育存在的问题

道德是人的精神灵魂，在全面推进以创新精神为核心的素质教育过程中，思想政治教育的地位和作用是显而易见的。然而，基于新媒体环境的高校思想政治教育现状与大学生的道德状况却不尽如人意。调查表明，高校思想品德课的满意率仅为 38.75%。学生感到最不满意的是教师的师德现状和大学生的文明修养现状，其不满意率分别高达 50.25% 和 54.03%。高校的思想政治教育陷入困境，大学生与教师都对此不满。现实的思想政治教育理论对基于新媒体环境的高校思想政治教育缺乏应有的指导，开放性社会和多元文化背景下基于新媒体环境的高校思想政治教育的低效状态使得人们开始怀疑高校承担思想政治教育任务的能力。传统的思想政治教育正面临严峻的挑战，基于新媒体环境的高校思想政治教育则需要在反思与求索中不断创新发展。

造成上述状况的原因是多方面的，既有全球化、社会转型等社会客观原因，也有高校教师思想政治教育观念落后保守、学生思想复杂等主观方面的原因。社会竞争激烈和就业压力大也导致了大学生在接受教育的过程中出现功利性。当前高校思想政治教育存在以下问题。

（一）价值观、道德观的多元化增加了思想政治教育的难度

社会转型导致价值观和道德价值观的多元化。改革开放后，社会文化的统一性开始为多元文化所取代。道德观是多元化的，传统的道德价值观和市场经济的道德观念并存。这种充分的自由和多元化的选择，往往会导致年轻的大学生出现选择的混乱，充满了矛盾。此外，全球化的趋势通过互联网使这种冲突更加剧烈。

（二）思想政治教育内容脱离实际

调查显示，大学生德育理论与实践是脱节的，教学内容陈旧，42.57% 的学生认为进行思想政治教育改革是有必要的。因为内容陈旧、脱离了现实，所以无法适应开放的社会和多元的价值观，无法解释社会公德问题，很难回答学生道德价值的冲突问题，不能教学

生正确处理市场经济中各种复杂的人际关系。

（三）思想政治教育主体的主体性地位被忽视

高校现有思想政治教育忽视了教育主体的主体性，强调教师的主导作用，忽视了学生道德实践的主体地位；学生在教育过程中处于被动地位，丧失了自身道德建设的主动性，导致道德教育难以转化为学生的道德结构。学生主体性的缺失是学校德育实效性差的主要原因。

（四）日常思想政治教育实效性有待加强

在思想政治教育的各种途径中，日常思想政治教育是基础环节，是高校思想政治教育整体目标得以实现的重要途径。日常思想政治教育与其他思想政治教育方式相比具有很强的针对性和灵活性，不受时空限制，形式多样，对大学生政治素质的提高和良好品德的养成具有其他教育方式所不可取代的特殊作用。注重实效性不仅是大学生思想政治教育的基本理念和根本要求，也是大学生日常思想政治教育的永恒主题。

二、基于新媒体环境的大学生思想政治教育面临的挑战

（一）全球化对思想政治教育的挑战

经济全球化为我国加快高等教育改革与发展的步伐提供了契机，但为高校思想政治工作自身也带来了许多冲击和挑战，主要表现在如下几个方面。

1. 对高校思想政治工作目的的冲击

从思想政治工作自身的发展历程来看，我国的思想政治工作创始于战争年代，发展于社会主义建设过程中，探索于经济全球化背景下的社会主义市场经济发展进程中。高校思想政治工作目的从“培育革命性”转变为“培养社会主义事业的建设者和接班人”。我国高校思想政治工作的目的没有发生太大变化，只是其表述方式不同，其核心思想是一致的，即我国高校思想政治教育具有鲜明的政治性和思想性，始终把引导学生确立献身中国特色社会主义事业的政治方向放在首位，要求每一个大学生在具有一定的业务能力的同时，具有强烈的政治思想意识及坚定的政治立场。但在经济全球化背景下，对我国各类高校的思想政治工作都做这样的要求，在实践中能不能实现？随着经济全球化发展，我们的办学模式发生了巨大变化，中外合资办学已成为一种外资进入我国教育市场的基本方式。同时，不同背景下成长起来的学生必然具有不同的学习动机，中外教师的相互交融对学生势必产生不同的影响，等等。这些问题在新时期应该是高校思想政治工作所面临的最大冲击和挑战。

在新时期，只有明确了高校思想政治工作的目的，才能在经济全球化、经济市场化的

背景下与时俱进地开拓思想政治工作的新局面，解决大学生“思想政治工作在市场经济建设中失灵”的问题。为此，我们认为新时期在高校思想政治工作的目的这个问题上应该解放思想、实事求是，必须重新审视“什么是思想政治工作？思想政治工作的目的是什么”？这是一个根本问题。我们认为思想政治工作的目的可以理解成一个多层次的概念，对不同的学院、不同的学生有不同的要求。要将思想政治工作的政治功能与思想教育功能加以区分。思想政治工作的政治功能就是强制性地向受教育者灌输一定的政治思想意识，激发他们参与政治活动的热情，引导他们坚定政治立场，从而提高其政治敏锐性和参政能力，树立为正义、为祖国献身的意识。思想政治工作的思想教育功能则必须建立在一定的机制基础上进行，发挥引导、促进和保障作用。具体来说，思想政治工作的目的可以分为三个层次：第一层次是教育学生爱国，第二层次是教育学生爱社会主义，第三层次是教育学生爱中国共产党。对不同对象实施不同内容的教育将有助于思想政治工作目的的实现。

2. 对思想政治工作内容的冲击

传统思想政治工作内容的主要弊病是围绕马克思主义的理论进行灌输式教育，重形式、轻效果，因而极易给人们带来一种“假、大、空”的感觉。其实思想政治工作到现在也没有准确的定位，没有真正形成一门完整的系统学科，其理论是处于动态的，没有形成自己的界限。这是经济全球化对高校思想政治工作的又一严峻挑战。

我们认为理想信念教育是高校思想政治工作的核心内容，理想信念教育最根本的是坚持和巩固马克思主义在高校意识形态领域的指导地位，不断用马列主义理论武装全体师生。这是保证高校教育的社会主义方向的思想基础。

（二）社会转型对思想政治教育的挑战

思想政治教育是社会的一部分，社会变化决定了思想政治教育的变化。随着传统社会向现代社会的转变，思想政治教育也会发生转变。社会转型在本质上是社会结构的转型，同样，社会结构转型促使思想政治教育结构转型。思想政治教育转型的核心是思想政治教育结构转型。

1. 社会转型本质上是社会结构的改变

依据社会学社会转型理论，社会转型本质上是社会结构的转变。思想政治教育的现代转型不仅仅是发展变化，还包括结构的转变。改革开放以来思想政治教育得到很大发展，取得十分可喜的成果，但是这种转变远远不能满足社会对思想政治教育的要求，远远不足以应对思想政治教育面临的巨大挑战。长期以来，思想政治教育总是不能适应社会的变化，与思想政治教育转型滞后有很大关系。思想政治教育必须自觉地推进这种转型，使之迅速跟上时代变化和社会转型，实现思想政治教育的主动转型。从社会视角来看，思想政治教育由传统到现代的转型由中国社会向现代转型所致。

2. 社会结构的转型促进了思想政治教育的转型

改革开放以来，随着社会环境的变化，思想政治教育不断进行改革创新，努力适应社会环境、对象需要和自身工作的需要，得到创新发展。特别是在高校系统，自 2004 年中共中央、国务院颁发《关于进一步加强和改进大学生思想政治教育的意见》以来，采取一系列措施，从学科建设到队伍建设，从课程建设到师资培训，从制度建设到机构设置，大学生思想政治教育得到了明显加强和改进。但就社会环境而言，思想政治教育面临新的挑战，形势甚至比以往更加严峻，使工作变得更加困难。社会上存在着否定思想政治教育的思潮，思想政治教育机构的数量也在锐减。思想政治教育还存在着中性化、边缘化、市场化、孤立化、理论化等倾向。

高校及各行各业开展思想政治教育的实际效果不理想，这与缺乏必要的社会舆论与社会文化心理的支持有很大的关系。显然，思想政治教育需要相应的社会文化生态，只有社会子系统领域也开展思想政治教育，与社会大系统领域思想政治教育做到相互呼应，才可能使思想政治教育取得良好效果。改革开放前思想政治教育之所以有较好的效果，其重要原因就在于单位思想政治教育活动与社会政治文化形成一体，内外相互增益。在开放的社会环境中开展思想政治教育，这种增益更加必要，而事实是这种增益在弱化。

改革开放以来，为了适应社会主义现代化和社会主义市场经济的发展，推进思想政治教育的改革创新，思想政治教育领域提出了诸如转变论、创新论、发展论、改革论、加强论、改进论、现代化论、科学化论等观点，对思想政治教育的现代化、科学化进行了广泛探讨，发挥了积极作用。世纪之交，张耀灿等撰写了《现代思想政治教育学》专著；郑永廷提出了“现代思想道德教育”的概念，并从现实和理论上进行了分析，提出了“从传统思想道德教育向现代思想道德教育转变”的任务。郑永廷指出：“我们系统研究思想道德教育的改革发展，研究传统思想道德教育向现代思想道德教育的转变，掌握现代思想道德教育的规律和本质特征，既是推进社会主义现代化建设事业发展的迫切需要，也是发展思想道德教育和思想政治教育学科的要求。”

3. 思想政治教育转型的核心是思想政治教育结构的转变

社会转型本质上是社会结构的转变，思想政治教育的现代转型同样是思想政治教育结构的转变。思想政治教育结构本身是一个需要探讨的课题。笔者认为，思想政治教育结构包括外部结构和内部结构两部分。思想政治教育是做人的工作，做人的思想的工作。这类工作不只是思想政治教育在做，其他社会活动——至少与人有关的社会活动都在做。有人的地方就有思想政治教育，人人都是思想政治教育对象，人人都是思想政治教育者，全社会共同来做思想政治教育，思想政治教育分为专职人员和兼职人员等，这些观点都是这种情况的体现。这表明，思想政治教育并不是只有思想政治教育者在做，除此之外，还有许多社会主体在做思想政治教育。众多社会主体做思想政治教育所形成的关系，我们称为思想政治教育的外部结构，形成了思想政治教育的外部格局。在计划经济体制条件下，思想政治教育由党委来做，而党委宣传部门又是思想政治教育的专门管理部门，全社会思想政治教育具有主体单一性和活动统一性的特征，构成思想政治教育的单一格局。思想政治教育要素之间的关系也在变化。一方面是分化，整体性结构（要素）分化为功能分工明显的结构（要素），如对象、内容、机构；不同领域、不同层次、不同对象、不同内容的思想政治教育有了区分，不同范围、目的、任务以及不同地域、机构、社会组织的思想政治教育有了明显的区别。另一方面是调整关系，思想政治教育要素在思想政治教育系统中的地位和作用发生了变化。从思想政治教育整体形态来看，思想政治教育知识已经由经验形态向科学形态转变，思想政治教育的学术性、科学性、现代性初步显现，思想政治教育的科学性更加显著，思想政治教育正在由传统形态向现代形态转变。

上述情况表明，思想政治教育必然要发生转变，而这种转变不是简单的变化和发展，而是转型。关于思想政治教育的现代转型，一方面，从思想政治教育与社会的关系来看，思想政治教育是社会的一部分，思想政治教育系统是社会系统的一个子系统，社会结构改变，思想政治教育必然会发生改变；反之，如果思想政治教育不改变，就会受到来自社会其他方面的压力，甚至被社会淘汰。另一方面，思想政治教育自身也是一个系统。思想政治教育在社会转型影响下发生改变，必然促使思想政治教育结构的改变；而且也必须是思想政治教育结构的改变，若没有结构的改变，思想政治教育仍然不能适应社会发展的要求，思想政治教育所受到的压力就得不到消除。思想政治教育应主动推进其现代转型，为社会提供智力支持、精神动力、思想保证和文化条件。

思想政治教育的现代转型伴随着社会现代化而产生，社会现代化属于社会变迁。社会变迁有两种类型：一种是发展性变迁，另一种是转型性变迁。在发展性变迁情况下，社会变化基本上是由社会变革所带来的显著、巨大的经济增长与发展而引发和促成的，是伴随着人们物质生活的不断充裕与富足而得以实现的，表现在生产要素的更新和生活方式的转变方面，如技术的更新与进步、贸易与市场的扩展、人们的自主流动以及社会的不断开放。在转型性变迁情况下，社会变迁的根本原因在于社会结构和制度的转变与更新，在于各种社会关系和社会规则的改变与调整，表现在社会资源的占有与分配、身份地位和权力声望的社会构成的变化，尤其体现为价值意识即人的意识参与社会转变的社会过程。转型性变迁不仅要改变社会原有的社会组织格局，更要构建新的社会组织格局，从而实现从旧秩序社会向新秩序社会的变迁。这种社会变迁是深刻的根本性的变革，它所带来的影响也是广泛和深刻的。思想政治教育的现代转型属于转型性变迁，会带来非常深刻的变化。对此，我们应有预见和准备。

第四章　基于新媒体环境的大学生思想政治教育模式

第一节　基于新媒体环境的大学生思想政治教育模式的优化

基于新媒体环境的信息传播主要指应用新媒体平台获取、传输并处理信息的过程，其主要特征是灵活性、互动性、交互性。信息接收者同时也是信息传播者，并且信息在传播的过程中不断地发生着裂变与扩散，能够在有限时间内快速覆盖全网，实现规模化传播的目的。伴随移动互联网的普及，新媒体逐渐具备了多样化、多元化发展的特征，能够有效实现大众传播与人际传播的融合。新媒体传播的机制虽然复杂，却与现有的媒体平台具有紧密的联系，如视频网站、微博博客、直播平台以及游戏论坛等。在新媒体技术得到快速发展的过程中，传统媒体逐渐走上与新媒体结合的道路，譬如广播电视媒体纷纷通过直播平台，新闻网站通过开设专栏或设置网络直播平台等，以此扩大自身对社会的影响力。

一、新媒体对思政教育的影响

（一）积极影响

我国新媒体平台拥有较强的传播功能，学生在思政教育活动中能够通过新媒体获取大量的数据信息，实现对数据资源的实时共享；同时帮助思政教师引导学生的思想与行为，提升思政教育质量。由于新媒体信息传播速度快，因而能够有效帮助教师缩短思政教育时间，提高师生间的互动与交流质量，活化学生思想。

（二）消极影响

虽然新媒体平台能够为学生参与思政教学工作奠定良好的教学基础，然而也存在着诸多问题。首先，学生的生活方式发生了深刻的改变，生活方式更加碎片化，缺乏汲取整体信息的耐心。其次，新媒体所提供的数据信息较多，形式较为多样，能够吸引学生在新媒体平台上投入大量时间，进而影响学生课堂学习活动，导致学生形成严重的网络依赖问题。最后，新媒体平台存在大量良莠不齐的数据信息，严重影响着高校学生的价值观与思想行为，为高校思政教育带来严重的挑战。其中，由于新媒体平台具有较大的互动性与网络影响力，学生通常在获取思政知识的同时，能够通过新媒体平台获取与思政理论知识相关的数据信息，但在检索过程中却频繁检索到与高校教育相左的信息，极大地影响到大学生思政教育的效果。

二、大学生思政教育模式设计路径

（一）转变传统思政教学理念

高校思政教育应转变传统的思政教学理念，将教学活动置于学生的课业和生活当中，通过新媒体平台实现对思政理论知识的全面渗透与传授。一方面，以学生为本，思政教师应关注学生的个体发展，尊重学生的选择，在课堂教学中转变传统思政教学方法，利用学生能理解、能接受的、希望获取的教学话语传授思政理论知识；并根据学生网络活动规律，构建相应的思政信息传播机制，以生活化的语言、社会性的内容提升学生对思政理论知识的兴趣。另一方面，将新媒体平台引入思政理论课教学活动中，鼓励学生利用新媒体平台获取思政知识，并在学生接触负面信息时给予及时纠正与引导，改变学生的不良思想与行为，提升思政教学质量。

（二）构建思政网络传播机制

相关政府部门应结合高校思政教学需求与新媒体平台的信息传播特点，构筑有利于思政知识传播的网络环境。首先，清除网络不良信息，对不利于思政教育的负面信息进行集中清理，为高校教育营造良好的网络环境。其次，构建思政教育平台。新媒体信息传播的特征是交互式、多对多，只有内容新颖、形式多样、具有娱乐性与传播性的数据信息才能在短时间内得到传播。因此相关政府部门可构建类似的思政教育平台或拍摄相关影视作品（譬如《那年那兔那些事儿》），在教师转载的过程中提升思政教育信息的传播效率。最后，融合课堂教育，思政教师应根据课堂教学现状，要求学生利用多媒体平台寻找能够论证思政理论的信息，以此加强学生对思政理论的理解。

（三）转变大学生思政工作模式

高校思政教师在新媒体环境下开展网络思政教育，应明确思政教育的目标，确定思政教育内容，提升对思政教育的认识。高校思政课堂教育的目的在于帮助学生树立正确的价值观，通过马克思主义理论使学生认清社会发展规律，提升对主流意识形态的认同度，推动社会市场经济的快速发展，因此，思政教师需要将新媒体教育与课堂教育相结合，利用网络语言创新话语体系，提升思政教育效用。在教育内容层面，基于新媒体的思政教育不应涉及任何理论知识，应以社会实际情况为导向，通过社会新闻事件引导学生关注思政理论知识，规范其思想及行为。在新媒体教育方式上，思政教师可利用微信、QQ及直播软件共享与思政理论相关的社会新闻或历史趣闻，以此激发学生对思政理论的学习兴趣。

新媒体是推动高校思政教育工作快速发展的契机，是改变教师教育理念、提升课堂教育质量的保障。在实际工作中，教师应在提升对新媒体的认识的前提下，转变思政教学理念，构建新型思政教学模式，推动学生全面发展。

第二节　新媒体环境与大学生思想政治教育的互动模式

当前的大学生思想政治教育工作应切实研究如何创新运用新媒体技术，充分发挥新媒体的传播优势为思想政治教育服务，消除传统思想政治教育的弊端，探索新媒体环境与大学生思政教育的创新互动模式。

一、新媒体环境下大学生思想政治教育的现状

（一）大学生思想价值观受到冲击

在新媒体环境下，网络为大学生提供了自由获取各种信息的便利条件，同时学生在开放式信息传播与接受过程中也在不断经受多元思想观念的冲击。网络虚拟环境的不真实性削弱了大学生的责任和道德意识，淡化了大学生的人际关系，挑战着他们的是非辨别能力，甚至在一定程度上造成学生的认知偏差，从而产生一些“思想困惑”。大学时代是大学生浅层价值观的形成时期，也是深层思想观念固形的关键时期。在新媒体环境下，当代大学生正在遭遇前所未有的思想冲击，这是现在大学生思政教育面临的重要问题。

（二）传统思想政治教育工作遇到瓶颈

传统的思想政治教育一味坚守课堂的教育领地，多采取外部“灌输式”输入的方法，依靠学生自身内部提升，缺少有效的多维互动交流，且所传播信息有限。这样单一的思政教育模式显然很难激发学生的兴趣，不能满足新媒体环境的大学生的需求。此外，很多学校面临专业思想政治教育教师缺乏的困境，日常思想政治教育大多依靠辅导员、班主任等，传统的说教式和批评式教育方式让很多走在信息接收前沿的当代大学生感到枯燥无趣甚至产生厌烦抵触心理。

（三）思想政治教育的有效性被削弱

基于新媒体环境的信息传播模式具有多元性、广泛性等特征，对信息源的控制难度大，

也使得新媒体传播的内容具有离散性和不确定性特征。当前的高校思想政治教育工作还不能有效辨别各类信息，也无法做到对学生进行相应的思想引导，使得部分大学生的思想、生活、价值观等方面受到影响。因此，传统思想政治教育的实效性在新媒体环境下被逐渐削弱。如何发挥新媒体的优势，促使新媒体成为大学生思想政治教育的主要载体，切实提升思想政治教育的实效性，是目前思政工作的重中之重。

二、新媒体环境下大学生思想政治教育的有利因素分析

（一）新媒体传播模式多元化

随着大学校园信息网络的快速发展，新媒体突破了传统大众传媒的传播方式，论坛、QQ 群等即时通信媒体、微博等网络日志媒体、以微信为代表的微媒体以及悄然而生的自媒体以其快捷、方便、实时和互动的形式吸引了大学生群体。不同于传统的大学生思想政治教育固守课堂的单一教育形式，新媒体环境下的大学生思想政治教育可以最大限度地利用媒介传播的开放性和有效性突破时空限制从而及时地掌握大学生的思想状况，针对大学生关注的热点和话题进行针对性引导和教化。

（二）新媒体传播资讯无屏障

新媒体传播资讯的无屏障特征极大地促进了大学校园多元文化的碰撞与交流，实现了各地域、各领域信息资源的共享。新媒体环境的交互传播和无限制参与不仅为大学生提供了丰富的信息，将不同的文化意识形态和价值观念融入大学生思想中，激发了大学生的探究式主动式信息接收模式，而且在一定程度上也提升了他们的自我辨别和管理能力。思想政治教育应该积极消除传统教育的弊端，利用好新媒体传播资讯的开放性优势，促进大学生主体意识的觉醒，在虚拟世界中充分发挥大学生的主观能动性，形成新的大学生思想政治教育格局。

（三）新媒体传播成效显著

新媒体环境下的大学生思政教育可以融合大学生易于接受的语音、视频、图片等混合媒介形式，突破传统思政教育的枯燥说教方式，减少学生对思想政治教育的抵触情绪，由被动接受变为主动获取，积极参与到思想政治教育活动中来。大学生可以根据自己的个性化需求和兴趣选择学习各类信息内容，新媒体传播模式的多元化与传播咨讯的无屏障极大地提高了信息传播的成效，也在一定程度上提高了大学生对现代信息传播媒介的认同度和接受度。高校思政教育应该顺应时代发展趋势，掌握新媒体环境下思想政治教育的新方式，利用新媒体的有效传播方式对大学生的核心价值观进行培育。

三、互动策略

（一）构建虚拟思想政治教育体系

新媒体环境既具有网络环境特性，也是现实环境在网络世界的延伸，具有虚拟性和现实性的双重特征。新媒体环境是虚拟世界与现实世界互动影响的媒体环境系统。因此，新型的网络虚拟思政教育要在科学把握新兴信息传播媒介作用机制和方式的前提下，立足于虚拟世界与现实世界的相互影响、渗透和转化，在虚拟与现实相结合、线上与线下互动的基础上构建创新型高校思想政治教育的有效平台。

首先，新媒体环境下的思想政治教育不是传统思政教育在网络技术下的“数字化”，新媒体环境下的思政教育体系应该包含各类思政教育形式。

其次，虚拟思政教育体系的构建还表现在网络思政教育氛围的营造上。新媒体环境下的思政教育应该更具有时代性和感染性，在网络虚拟环境下积极营造能引起大学生共鸣的教育氛围，这样更容易促使大学生敞开心扉，积极主动地投入思政教育活动中来。

最后，虚拟思政教育体系还包含对受教育群体能动性的引导。新媒体环境的复杂性要求思政教育者加强对大学生群体信息辨别的主观能动性的引导和教育。在思想政治教育基本思想和原则的引导下，利用各种形式提高大学生的自觉意识，尤其是抵御不良环境的影响，增强学生的信息选择和甄别能力，这样才能从根本上更好地利用新媒体环境构建新型的思政教育体系。

（二）加强虚拟环境思政教育与传统思政教育的衔接

新媒体环境使得大学生思政教育的环境既可以是现实世界的环境又可以是虚拟世界的环境，大学生思想政治教育工作只有有效地把握新媒体环境下网络虚拟媒介的发展规律和作用，加强传统思政教育与虚拟环境下的思政教育的有效衔接与结合，才能更好地推进新形势下的大学生思政教育工作。

其一，新媒体环境下的思政教育不是一味地摒弃传统思政教育的各个方面，而是要保留传统思政教育的优势，消除其不适应新环境的弊端。传统的思政教育具有很多优势，包括思政教育内容高度一致性、价值观念纯粹统一性、教育体系的一贯性等，这在长期的大学生思政教育工作中曾经卓有成效。因此，新媒体环境下的大学生思政教育要积极利用传统思政教育的有利方面转变教育模式，努力适应新媒体虚拟教育环境，逐步形成新媒体环境下的具有个性化、自由化、辨识性的思政教育新模式。

其二，加强新媒体环境下的思政教育与传统思政教育的衔接还表现在思政教育工作者要积极了解虚拟媒体环境的特性，掌握不同媒介的优缺点，虚拟与现实两手抓，两手都要硬。大学生思政教育的新型模式可以利用虚拟媒体环境发布最新的思政教育信息、资源，利用网络平台的反馈渠道了解大学生的思想情况，针对大学生的思想状况还需要做出及时科学的判断与引导。一方面，大学的传统思政课堂可以丰富教学形式，利用生动形象和贴近大学生生活的事例进行思政教育，通过讲座、论坛、纸质媒体、微信平台等各种宣传渠道加强思政宣传教育，充分利用新媒体和传统思政教育的衔接优势形成新时代大学生思政教育的互动创新格局。

（三）加强对虚拟媒体环境下思政传播的监管

在新媒体环境下，在思政教育过程中加强对虚拟环境下思政传播的监管，切实了解思政教育的成效，是大学生思政教育工作者更好地使新媒体成为高校思政教育工具的基础与保证。

首先，大学生思政教育者通过“新媒体指数”等监测数据对高校的微信、微博、论坛等媒体进行一定的评估和完善，确立相关的传播指数评价标准。通过对校园官方微信、校园论坛和校级微博等校园媒介的传播力和影响力的评估与监控，可以更好地促进新媒体在大学生思政传播领域发挥积极作用，最大限度发挥新媒体对大学生思政教育的功效和优势。

其次，大学生思政教育的管理者应该进一步加强新媒体环境下的网络管理制度建设，完善思政教育的网络环境。营造大学校园的信息传播环境可以更好地规范和管理大学生的网络言论和行为。大学生思政管理工作者需要通过相关的规章制度严格禁止或鼓励肯定一些网络行为，引导大学生形成明确的网络监管观念，促使大学生在新媒体环境下自觉规避不道德、不文明、不合法的网络言论和行为，从而形成具有辨识性的网络信息传播方式，更好地为新媒体环境下大学生思政教育的良性发展奠定基础。

最后，除了做好大学生的引导和教育工作之外，大学生思政教育管理者还应该做好网络信息的监管和督察工作。针对网络信息中各类复杂混乱的信息，学校的信息监管部门要积极主动、定时定期地进行信息监控和过滤，通过相关的信息技术手段对各种网络信息加强把控和组织加工，阻止不良信息入侵大学校园，建立起大学校园网络信息的“安全区域”，确保大学生获得的信息在一定程度上是安全、合法、合理的。同时，对网络突发事件要有应对预案，避免信息失控情况的发生，在第一时间能监控、控制网络信息的传播。加强新媒体环境下对信息传播的监管可以更好地提升大学网络思政教育的传播成效，更大范围地为大学生思政教育工作服务。

第三节　微媒体视角下的大学生思想政治教育模式

在 Web2.0 时代，以微博、微信、微小说、微电影等为代表的微媒介已成为影响我们日常生活的重要工具，具有强大的融合性和传播力。随之而来，微媒体正大范围、深刻地改变着世界。在大学生思想政治教育方面，微媒体也发挥了独特作用。越来越多的大学生使用移动互联网终端从微信教学公众号、教学 APP、微博等社交网络平台获取更多的教学资讯，使得微媒体时代的大学生思政教育工作呈现出新的教育模式。微媒体作为思想政治教育的新平台，必将推动大学生思想政治教育模式的转变，使得大学生思想政治教育进入一个微媒体时代。

一、微媒体的产生与发展

随着移动网络科学技术的迅猛发展，以微博、微电影、微小说、微信、微电台等为代表的“微”事物逐渐占据互联网平台的主阵地，其去中心化、草根化、开放式的理念吸引着庞大的用户群，形成强大而独特的草根媒体力量。随着我国网络科技和智能移动终端的发展，“微时代”已悄然而至。在 Web2.0 时代，以博客为代表的网络日志成为主流媒介，以微博、QQ、微信为代表的微媒体经历了异军突起的飞速发展过程。微博从 2009 年开始内测，在 2010 年后受到追捧，并迅速扩大用户群，形成一股增速巨大的力量。但是微博出现之初，在多数人眼中，微博仍不过是博客的变种，有人将微博理解为“迷你博客”。然而事实并非如此。微博以其独特的传媒体系继承了博客的部分优点，也发扬了自身的优势，产生不同以往任何媒体的效果。2015 年 6 月，中国互联网信息中心发布第 36 次中国互联网发展统计报告。报告显示，到 2015 年 6 月份，我国网民规模达 6.68 亿，半年共计新增网民 1894 万人。互联网普及率为 48.8%，我国微博用户规模为 2.04 亿，网民使用率为 30.6%，手机端微博用户人数为 1.62 亿，使用率为 27.3%。手机端微博用户占总体的 79.4%，比 2014 年底上升了 10.7%。2015 年腾讯发布的微信用户数据报告显示，截至 2015 年 4 月，中国 90% 以上的智能手机用户都在使用微信，在智能手机上使用微信的月活跃用户达到 5.49 亿。从全球来看，微信用户覆盖全球 200 多个国家和地区，使用的语言超过 20 种。以微信、微博为代表的微媒体正成为当下日趋流行的交流沟通工具。

二、微媒体在大学生思想政治教育中的运用

微媒体最先被高校大学生群体接受和使用，主要是在微媒体的社交方面。逐渐地，微媒体中大学生、大学教师用户的比重不断上升，用户使用习惯较为固定后，稳定的微博圈、朋友圈就在大学校园中形成了。这时，随着学校微博、微信等公共账户的注册，一个完整的高校微媒体圈逐步成型。

（一）大学生对微媒体的运用

大学生从接触微媒体开始，主要以其社交的便利性和娱乐的时尚性为理由，加之微媒体突然流行而产生的从众效应，使得大学生成为最早一批微媒体用户，并且也是主流用户之一。从目前来看，大学生运用微博的主要活动有：首先，关注感兴趣微博。对于业余爱好或者人文、娱乐等方面较为感兴趣的事，其在浏览后随手转发、评论、点赞；感兴趣微

博表现了大家活跃在微博上的主要动机及其对新媒体信息的捕捉。例如笑话、微视频等内容，总是吸引志趣相似的人的关注。其次，获取最新资讯。微博平台或微信朋友圈只要刷新页面之后，最新的资讯立即呈现，并且达到足够关注度后即会引起传媒效应。再次，情感表达分享。在马斯洛需要层次理论中，由于大学生尚处于青春期，因而对社交和感情的需要比较明显。大学好友圈在一定程度上转化为微博圈和微信朋友圈，好友中有相同志趣的人对于微话题更容易产生共鸣。通过分享微博、微信朋友圈可将蕴含在其中的情感也一并传达出来。最后，大学生通过微媒体和认识的、不认识的、熟悉的、不熟悉的人进行交流和互动，通过搜索好友，找到了老同学、新朋友，最终扩展社交圈和人际网络。

（二）高校对微媒体的运用

近年来，随着高校官方微博、微信公众号的开通和使用，高校也成为微媒体的使用者。微媒体成为高校与外界沟通的新平台，现今，越来越多的高校利用微媒体有效地宣传和展示学校的形象。同时，越来越多的高校利用微博、微信等微媒体平台的方便、快捷等特性，通过微媒体这一平台不断深入了解并融入学生。学校通过运用这一平台，可以及时有效地掌握学生当前的思想动态，并及时对其进行动态评估，发现不良思想动态后及时与学生进行沟通交流，进而促进学生思想动态的良性发展。“微媒体作为一种平等交流的社交媒体平台，为学校、老师以及学生展示个性和表达意见提供了途径，有利于加强老师、学生以及校方三者的沟通，也有利于高校之间进行交流，从而促进教学。”归纳起来，学校可以通过微媒体渠道服务学生，组织线上活动，形成良好的网络环境；组织线下活动繁荣校园文化，生动展示工作成果。微媒体还可以用来处理公关危机，树立大学良好的形象。

三、微媒体视角下的大学生思想政治教育模式探索

随着移动终端和网络技术的迅猛发展，以手机为主要载体的微博、微信等新兴媒体的发展越来越受到人们的关注。现在微信的主要使用人群之一是大学生。对于现在的学生来说，手机不仅仅是一个聊天工具，更是一种生活方式，它也深深影响着大学生的学习和生活。在微媒体时代，我们进行大学生思想政治教育工作必须顺应时代发展，积极探索微媒体视角下的大学生思想政治教育模式。

（一）微媒体的交互育人与交互服务功能

在微媒体迅猛发展的今天，以微信、微博为代表的微媒体已成为当下年轻人沟通交流的流行工具。越来越多的年轻群体成为当前微媒体的使用者和影响者。在沟通交流过程中，微媒体所表现出来的思想引领、交互影响作用愈加明显。微媒体在高校思想政治教育中也越来越成为重要载体。在思想政治教育的交互育人功能方面，微媒体突破了传统思政教育单向度的知识传输和学生的被动局面。在实践中，大学老师、学校或学生自己都可以利用

微博、微信发起一个育人话题，进而由众多粉丝自由地参与评论，在评论过程中，这种观点和见解得到表达和传播。随着评论的增加，产生累积效应，势必对发起者和参与者产生强大的交互影响。这完全是另一种教育模式。在实践过程中，越来越多的学校官方微博、微信公众号，以及班级和学生个人的微博、微信公众号出现之后，学校与学生之间的交流沟通，在微媒体平台上变得更加方便、快捷、精准，使得微媒体成为学校、院系各部门、教师和大学生共同参与、交流互动的新的网络育人平台和新阵地。在管理方面，高校管理者既是管理者又是教育者，大学倡导以学生为本的人本管理理念。高校各职能部门可以利用微博、微信等便捷、高效的微媒体平台，及时发布就业、奖助学金、评优等相关信息，在更加主动地服务学生的同时，也可以从学生的留言互动中获取更多学生关心的动态信息。使职能部门转变工作理念，由原来的管理者变为为学生服务的服务者，由原来的以管理学生为主，转变为更加注重为学生服务，为学生提供实实在在的帮助，进而解决学生的实际困难。

（二）微媒体的舆论导向管理

微媒体对于大学生来说，已不仅仅是一个聊天的工具，更是一种生活方式和社会的流行趋势，它也深深影响着大学生的学习和生活。微媒体已成为当前青年学生交流、联络、互动的重要平台，是高校思想政治教育工作者了解学生思想动态的重要窗口和渠道。高校通过加强微媒体平台建设，应不断紧扣舆论引导目标，立足当前西方各种思想潮流对大学生思想产生冲击的社会现实，面对新机遇和新挑战，积极介入，主动作为，通过发布正确、积极向上、健康的主流文化意识信息，切实有效地占领网络思想舆论的阵地。通过丰富微博、微信内容及创新活动形式，将思想政治教育融入青年大学生喜闻乐见的“微”活动当中，有效提升校园网络文化的吸引力、感染力，增强思想政治教育的时代性、实效性和主体性，实现思想引导的目标。

（三）微媒体的交互教学

微媒体在大学生思想政治教育的教学交流和教学互动方面，是传统教学模式的良好辅助。微信中的教学 APP 为思想政治教学提供了丰富的教学资源，每位学生在手机上只要下载安装教学 APP，在花费少量流量的情况下，就可以随时随地地进行移动学习，这是传统教学模式所不能提供的。以微博、微信为代表的微媒体所提供的免费聊天和实时留言等功能，便于大学生随时随地向教师提问和咨询，无须专门预约。同时，微媒体作为一个网络资源平台，在教学互动和相互交流方面，可以通过其强大的分享功能有效地将网络上的所有教学资源整合起来，通过对用户群推送消息，进而实现网络资源的有效利用和快速分享，不断拓宽大学生的学习渠道。教师通过推送信息与学生进行网络交流并答疑解惑，很大程度上拉近了师生之间的距离，在虚拟的网络空间中，师生的信任关系也逐渐建立起来了。

第四节 新媒体视域下的大学生党建和思想政治教育模式

随着新媒体的不断发展，大学生党建和思想政治教育模式随之发生改变。传统党建工作与思想政治教育模式不能适应新时代的发展需求，急需与网络新媒体进行有机融合，以拉近与大学生之间的距离，更好地开展思想政治教育工作。在新媒体视域下，大学生的交流方式大多以微信、QQ、微博等多种多样的社交媒介为主，高校的党建工作与思想政治教育要重视新媒体这一新阵地。高校要重视并合理利用新媒体，正确引导大学生的思想发展方向，提高大学生党建和思想政治教育的有效性。

一、新媒体视域下大学生党建和思想政治教育面临的机遇与挑战

（一）新媒体视域下大学生党建和思想政治教育面临的机遇

首先，新媒体的传播渠道更为广泛，大学生及学生党员可以利用高校官方微信公众号、高校官方微博、高校贴吧以及班级 QQ 群等各种社交平台随时随地接受教师或者党组织的思想政治教育，不受时间与地点所限，新媒体为思想政治教育的开展提供极大便利。

其次，在党建和思想政治教育过程中，充分利用新媒体的多元化形式，如图文、动画、音频以及视频等活跃氛围，激发大学生的兴趣，增强“红色教育”的亲和力。

最后，在新媒体视域下，大学生的主体地位被充分重视，学生可以自主选择是否接纳信息；针对信息进行自我解读，改变传统灌输式的思想政治教育模式，拉近师生之间的距离，有助于提高学生党员自我认识、自我教育的积极性。

（二）新媒体视域下大学生党建和思想政治教育面临的挑战

首先，由于新媒体传播途径多、传播空间广，大学生可通过智能手机、平板以及电脑等设备获取信息与资源。在这种不受空间与时间限制的条件下，如果思想政治教育内容不够丰富、新颖，将很难吸引大学生的注意力，难以提高党建和思想政治教育的有效性。

其次，在新媒体视域下，每个人都可以创作、上传信息，成为思想引领的源头。而这种开放与自由恰恰为舆论引导增加了难度，导致党建和思想政治教育难以维持权威性。

最后，新媒体视域下，社会对高校党组织与思想政治教育工作者提出更高要求，需要其在一定程度上熟练掌握新媒体技术，提高政治素养；及时把握网络的热点问题或者敏感问题，针对这些内容表达独到的见解并提出解决措施，激发大学生的参与热情。

二、新媒体视域下大学生党建和思想政治教育模式构建策略

（一）拓宽党建和思想政治教育的思路

在新媒体视域下，高校党组织与思想政治教育工作者应该与时俱进、转变思路，充分利用新媒体对大学生进行线上与线下的思想引导，使网络教育与现实教育有机结合，有利于提高党建和思想政治教育的有效性。

（二）拓宽党建和思想政治教育的渠道

首先，高校应该建立官方网站，内设党团教育板块、社会实践板块、学生事务板块、社团活动板块、心理咨询板块以及就业创业板块等。通过竞争任命优秀学生党员或优秀党内积极分子分别做各个板块的管理员，使党员和积极分子能够充分发挥榜样带头作用，提高网络党建和思想政治教育有效性。

其次，高校可以利用新媒体建立网上党校，将马克思主义理论课与思想政治教育课通过微课或者网络教学等形式呈现出来，合理融入图文、动画、音频以及视频等教学辅助资源，有利于增加教育内容的趣味性，增强吸引力。此外，还可以通过新媒体开展网络活动，激发大学生的参与热情，有利于党建和思想政治教育的发展与进步。

最后，党组织与思想政治教育工作者要充分利用微信、QQ、微博等社交平台拉近与学生之间的距离，掌握学生的日常生活动态以及思想变化等，对学生的思想进行有针对性的引导，提高党建和思想政治教育的质量与水平。

（三）创新党建和思想政治教育的内容

党组织和思想政治教育工作者要把握网络动态，利用关注度高的热点新闻或话题对学生进行正确引导，使大学生能够充分理解党的一切决策，增强学生对中华民族的责任感。同时，通过学校官网发布校内的热点新闻、文艺活动以及科研活动等信息，通过网络投票、互动等形式提高学生的关注度与参与度，充分利用榜样的力量引导学生的思想发展。

总而言之，大学生党建和思想政治教育要符合时代发展特征。在新媒体视域下，高校党组织与思想政治教育工作者要充分利用新媒体的优势，做好学生线上与线下的思想引领工作；运用多元化的手段提高学生的积极性，激发学生的参与热情，推动大学生党建和思想政治教育的进步与发展。

第五章　基于新媒体环境的大学生思想政治教育的创新研究

第一节　新媒体环境下大学生思想政治教育工作的创新

新媒体是相对于传统媒体而言，继广播、电视、报刊等传统媒体后崛起的新时代背景下的媒体形态，是应用移动互联网技术，通过网络等即时性较强的渠道，通过手机、电脑等终端，随时随地向用户提供信息服务的媒体形态。新媒体又被称为数字化媒体，当今的大学生，几乎每个人都有自己的手机和电脑，很容易通过各种新媒体，包括微信、微博、论坛等接触各种新鲜事物。在当今时代背景下，新媒体的作用相当明显，主要表现在舆论导向、思想教育、交互等方面。由于在新媒体环境下会出现信息杂乱、良莠不齐、文化渗透和意识形态入侵等情况，所以高校思想政治教育工作者需根据时代的变化对工作方式进行调整。如何在这样的时代背景下使工作有所突破，是一个值得深思的问题。

一、创新教育理念

新媒体的崛起和其在社会生活中的应用频率及其所能发挥的作用已不容小觑。在这样的环境下，需要广大思想政治教育工作者高度重视，探索积极应用新媒体推进大学生思想政治教育工作的方式方法，利用好新媒体信息传播速度快的优势。通过以新媒体为载体开展多样化校园文化活动，吸引更多大学生关注和参与，从而加强大学生思想政治教育工作的时效性，抓住思政教育的最佳时机，抓住思想政治教育工作的主动权。

二、改变教育方式

思政教育工作者在改变传统教育理念的同时，首先要做的是改变原有的思想政治教育方式，把新媒体技术应用到思想政治教育中去，逐渐构建一套满足新媒体发展需要的思想政治教育体系。既要保持主旋律不变，同时也要对现有的教育方式进行多样化创新，要充分发挥出新媒体的舆论导向作用、交互性强的优势，以调动学生积极主动参与到教学过程中来。在改变教育方式的过程中，除了在基础业务知识上需要拓展更新外，还需要在工作实践上针对新媒体传播方式的特点进行创新。例如，借助新媒体传播中用到的各类平台，用青年人群容易接受的方式开展思想政治教育工作。使用创新后的教育方式不仅可以让高校学生的思政教育工作更快、更有效地开展推进，同时也能迅速提升思想政治教育工作者的业务实践水平。其次要加强制度建设。由于新媒体上的信息良莠不齐，需要教育工作者通过网络管理制度、危机预防与处理制度等相关校园制度，尽力完善校园网络的舆情疏导机制，改进工作方法，强化引领作用，净化校园的新媒体生态环境，以提高思政教育工作的成效，推动校园正能量的传播弘扬，从而使思想政治教育工作深入大学生的心灵世界。通过这种方式来加强与学生之间的沟通，培养大学生的学习能力、办事方法、做人准则、创新意识。同时，思想政治教育工作者也应该不断学习，更新自身的知识，加强对新媒体知识的了解，不断提高教学能力。不仅在工作时间、校园内做好思想政治教育工作，还要学会借助新媒体等载体随时随地处理各类问题，学会借助各种平台、载体以及一切可发挥的力量，不断改进思想政治教育工作思路和策略。

三、优化新媒体环境下思想政治教育工作架构

优化思想政治教育工作架构是指在新媒体环境背景下，充分整合利用校园中各部门的资源，建立起一种立体化的机制。首先需要成立负责校园网络思政工作的专职部门，对原来各部门自上而下、各行其道的运行机制进行改革，逐步探索出一套各部门相互配合、统一管理、协调共进的宣传新模式，对大学生思政教育工作进一步加强监管。参与并推动新媒体技术的进步及应用领域，充分发挥其对青年群体的引领作用，凸显其在思想传播上的优势。如在坚持完成校党委领导下的校园宣传工作的同时，建立学生处、宣传处作为校园新媒体的宣传端口；并根据新媒体的技术种类，细分为论坛游戏管理员、微博微信后台管理员、门户网站维护员等，让学生参与负责不同领域的技术管理工作，在锻炼学生能力的同时还可以提高新媒体的宣传效率。另外，各大高校需要结合本校的实际情况制定相关的管理规定，加强学校对新媒体技术运用过程的监督与管理。各高校需要建立信息监测专管部门，建立起严格的信息处理体系，进一步完善、提高校园信息的筛选处理技术，确保把握住校园舆论的主导权，从而更有效地弘扬校园正能量，净化网络环境，让网络宣传平台充分发挥其引导作用，以提高高校思政教育工作的效率及成效。

综上所述，新媒体对大学生的影响十分深刻，应充分利用新媒体在信息传播上的优越性，促进大学生思想政治教育工作的创新。高校思想政治工作者要充分利用新媒体的优势，同时也要充分发挥新媒体的舆论导向功能，营造良好的校园文化氛围，让学生在沟通交流中逐渐树立正确的德育观念，使思想政治教育与学生生活紧密联系起来。

第二节 新媒体背景下大学生思想政治教育机制优化创新

随着网络信息技术的迅速发展，大学生思想政治教育面临的时代背景以及当代大学生的生活、认知乃至思维方式均发生着巨大变化，当前的教育机制已经不能适应网络新媒体蓬勃发展的时代背景。正如习近平同志指出和强调的：“做好高校思想政治工作，要因事而化、因时而进、因势而新。”在新媒体环境背景下，重视大学生思想政治教育，彰显社会主义核心价值观和社会主流观念，使大学生能够自觉抵制网络新媒体领域的不良信息，不断推进大学生思想政治教育理论和实践的创新发展。

一、新媒体背景下大学生思想政治教育机制现状分析

（一）新媒体为当前大学生思想政治教育提供了重要机遇

新媒体环境深刻改变着社会生产生活的传统模式，同时也给当前大学生思想政治教育带来前所未有的机遇，主要表现在以下几个方面。

1. 新媒体的发展突破了大学生思想政治教育的时空限制

新媒体技术的普遍应用，特别是以智能手机为代表的新媒体终端设备的普及，使人与人之间的交流和沟通可以突破时空维度的限制。在这一背景下，大学生思想政治教育工作不再受限于课堂教学这一时间和空间维度，从而为大学生思想政治教育机制提供了全天候、全过程的发展机遇。

2. 新媒体的发展拓宽了大学生思想政治教育的手段

在新媒体环境下，大学师生和生生交流更为便捷，因此高校的思想政治教育工作者可以及时了解大学生的思想动态，并采取有针对性的教育方式。同时也可以利用新媒体技术手段开展思想政治教育，增强教育的吸引力，激发学生的学习兴趣。

3. 新媒体的发展增强了大学生思想政治教育的效果。

在基于新媒体环境的背景下，大学生思想政治教育彻底改变了传统的一张嘴、一支笔的简单教育模式，以更丰富的内容和更为多元化的手段进行教学，这可以在相当程度上改变大学生对思想政治教育那种简单、枯燥的负面认知，从而以积极的心态接受思想政治教育，显著提高大学生思想政治教育的效果。

（二）新媒体对当前大学生思想政治教育机制带来巨大挑战

新媒体的发展对大学生思想政治教育不仅存在有利的一面，同时也使其面临诸多挑战，主要表现在以下几个方面。

1. 新媒体的发展对大学生思想政治教育主体提出了更高的要求

一方面，在新媒体环境下，大学生获取各种信息的渠道日益增多，信息量也急剧增加，这必然导致高校在大学生思想政治教育层面上的信息优势日渐丧失。如果这种情况得不到有效改善，教育主体的权威将会面临严重挑战。另一方面，部分教育主体思想观念陈旧、运用新媒体的意识和能力不足，这必将影响到新媒体在大学生思想政治教育领域作用和价值的发挥。

2. 新媒体的发展对大学生思想政治教育的媒介要素提出了新的要求

在教育方法方面，传统媒体时代的大学生思想政治教育主要通过思想政治理论课、主题班会以及师生谈话等方式开展，形式单一，难以激发学生的学习热情。在新媒体环境下，高校和广大教育工作者如何利用好新媒体的优势积极进行教育方式和手段上的创新，就成为当前大学生思想政治教育中亟待解决的实际问题。在教学内容方面，新媒体背景下的信息传播突破了传统的时空限制，大学生思想政治教育必须要拓展教育内容，使学生在掌握教材上的思想政治理论的同时，形成正确的网络道德观念，自觉抵制网络不良信息的诱惑和影响。

二、新媒体背景下大学生思想政治教育机制的优化创新

基于新媒体环境的大学生思想政治教育工作是一项系统工程，其发展和完善不仅要适应新媒体迅速发展普及的时代特征，同时也要有思想政治教育理念的指导及遵循大学生心理成长规律。

（一）整合思想政治教育资源

虽然高校教师是对大学生进行思想政治教育的主力，但是学校党委宣传部、学工部、团委等部门也是对大学生实施思想政治教育的重要主体。在新媒体背景下，各高校要充分利用新媒体的技术优势，对上述资源进行充分整合，以形成大学生思想政治教育的强大合力。例如，可以通过有关科室牵头，建设专题网站；构建思想政治教育数据库，录制思想政治教育微课、视频以及建立常态化的家校沟通机制等。

（二）优化思想政治教育内容

面对蓬勃发展的新媒体对大学生思想政治教育内容的解构与重构要求，有必要进行相关教育内容的优化设计，以时代性和开放性为原则，积极构建满足新媒体环境需求的大学生思想政治教育内容结构体系。具体而言，思想政治教育不仅要正确引导当代大学生形成正确的世界观、价值观和人生观，能够正确认知现实社会，还要使其形成正确的网络道德观念，正确认知网络虚拟社会；不仅要树立社会主义核心价值观，关心现实社会中的民主政治建设，亦要积极参与网络民主政治生活，自觉抵制西方社会通过互联网对我国进行的

意识形态渗透；不仅要教育学生遵守现实社会的法律法规和社会道德规范，亦要遵守网络虚拟社会的道德和法律。

（三）提升高校思政教育工作者的新媒体素养

在新媒体环境下，大学生思想政治教育工作不仅要坚守传统课堂教学的主阵地，还要积极占领通过新媒体进行思想政治教育的制高点。显然，高校思政教育工作者的新媒体素养关乎上述任务的成败与否。因此，建议高校以教育改革和师资培训为契机，增强广大教职员工的信息意识，积极开发网络空间的思想政治教育资源，不断拓展利用新媒体进行大学生思想政治教育的领域。当然，面对自媒体时代网络信息的多元化特征，广大教师亦应提高自身的理论水平和辨别能力，对于网络上出现的反面声音要敢于亮剑发声，自觉维护我国社会的稳定和谐。

（四）正确引导高校网络自组织的发展

网络自组织是在互联网新媒体背景下发展起来的一种高校学生组织，为大学生进行学习和信息交流提供了一个快速、便捷的平台。随着高校网络自组织的发展和普及，其作为大学生思想政治教育平台的功能和价值也日渐凸显。显然，高校网络自组织对开阔学生的视野、促进大学生的人际交流具有重要价值。同时，一些网络负面信息通过网络自组织的传播也放大了这些信息对大学生的潜在威胁。因此，高校要加强对这些网络自组织的监督管理，从建立、发展和日常管理方面加强引导，充分发挥其在大学生思想政治教育方面的重要作用，通过传播正能量、弘扬真善美，为大学生的成长指引正确的方向。

（五）提升大学生的信息鉴别能力

基于新媒体环境的信息传输已经突破时空限制，文化泛化成为当前世界文化发展的重要趋向，同时也成为我国社会转型期文化发展的重要特点。在这一背景下，西方敌对势力为了达到其不可告人的目的，妄图利用新媒体加强对我国的意识形态渗透。同时，国内一些别有用心的人也利用新媒体传播一些虚假信息。由于大学生群体社会阅历尚浅，往往对网络信息的真伪缺乏足够的辨别能力，极容易受到一些不良网络信息的蛊惑。因此，各高校需要采取有效措施提升大学生的网络信息鉴别能力，强化他们对不良网络信息的识别能力，同时深刻认识到这些不良信息的危害性，从而自觉抵制这些不良信息。

创新大学生思想政治教育的理念和方式方法是一项长期的系统化工程，需要政府、社会、高校的共同努力。通过调动社会各方面的积极因素，实现教育资源的优化配置，不断开拓大学生思想政治教育的新局面，为中华民族伟大复兴中国梦的实现培养德才兼备的人才。

第三节　新媒体与公安大学生思想政治教育的创新

近年来，运用新媒体、新技术创新思想政治教育工作已成为一种重要趋势。一方面，新媒体能够更好地满足大学生的求知欲，为他们提供了一扇新的认知世界的窗口；另一方面，新媒体对青年学生的思维方式和思想认识也产生了一定的影响。作为一个相对特殊的群体，公安大学生既有普通大学生所具有的热衷追求新事物的特点，同时又受到较为严格的纪律约束和思想政治规范。在新媒体环境下，公安大学生思想政治教育的机遇和挑战并存。正确应对新媒体带来的问题，合理运用新媒体，不断创新思想政治教育的模式已成为公安院校思想政治教育工作者需要认真思考的重要问题。

新媒体是指不同于传统大众媒体，包含特定技术、实践和社会组织的信息与传播系统。从时间跨度上看，它的“新”是指随着网络的普及和信息技术的发展，在报刊、广播、电视等传统媒体之后逐渐壮大起来的新型媒体形态；从空间跨度上看，它的“新”则表现为传播的速度、范围和信息量远远超过了传统媒体的水平。

目前，随着网络技术的普及，新媒体正呈现出一种“无处不在”的趋势。相较于传统媒体而言，它不再是一种单纯的传播手段，更是一种思维理念，创造了一种“万物皆媒”的新媒体环境。其所具有的交互性与即时性、海量性与共享性、多媒体与超文本、个性化与社群化等特点，不可避免地给传媒技术、人们的社会交往形式以及思想理念带来强烈的冲击。就后者而言，这意味着人们的传统思维习惯、行为方式和心理状态将受到一定程度的影响，而在思想政治教育领域就表现为学生思想理念的多元化和传统教育模式效果的弱化。基于新媒体环境的公安大学生思想政治教育面临同样的问题。本节尝试通过分析新媒体的产生背景及特点，并结合公安院校大学生思想政治教育的现实，就有效利用新媒体以更好地推动公安大学生思想政治教育发展做初步探讨。

一、新媒体对公安大学生思想政治教育的积极影响

（一）开拓思想政治教育的新领域

新媒体不仅给学生之间的交流互动带来了巨大的便利，同时也为师生间的理解沟通搭建了一个新的桥梁，为思想政治教育开拓了一片崭新的领域。公安院校的思想政治教育工作者要果断抓住这个契机，通过合理利用新媒体，带动公安大学生思想政治教育向多样化、立体式、综合性的方向发展，弥补传统思想政治教育手段单一、难以满足新时代思政工作新需求、理论宣传赶不上学生思想变化等不足，从而更好地服务于公安大学生思想政治教育，达到强化理想信念与宗旨教育、加强培养警察意识的目的。

（二）提供思想政治教育的新方式

基于新媒体环境的思想政治教育的方式将比以往任何一个时期都更加丰富。思想政治教育工作者可以通过微信公众号、QQ 空间、微博等诸多平台，以文本、音频、图像、影像等形式，让学生在多重感官上接受思想政治教育；并可以通过互动信息及时了解学生的思想动态，从而能够在第一时间了解思想政治教育的效果，并根据学生的反馈信息及时调整开展思想政治教育的方式、方法和内容。

（三）创造思想政治自我教育新契机

在传统的信息资源获取模式中，公安大学生往往受到时间和途径两方面的局限。一是在时间方面，学生的课余时间相对零散，较难利用整段时间获取信息；二是在途径方面，公安大学生的信息来源往往局限于课堂、书籍、报纸杂志等，存在信息更新不及时、传播不全面等问题。在新媒体环境中，无线网络的覆盖和移动终端的普及降低了信息资源获取对时间、地点的要求，这种灵活性打破了公安院校大学生在信息获取方面受到的时空限制，以一种富有弹性的方式将信息获取和学生的学习、生活紧密联系了起来，为公安大学生进行思想政治自我教育提供了新的契机。

二、新媒体给公安大学生思想政治教育带来的挑战

（一）公安大学生思想政治教育的难度增加

新媒体带来的海量信息在方便学生了解世界、增长知识的同时，一些不正确的世界观、人生观、价值观也在利用新媒体大肆传播，其中甚至不乏境外组织别有用心的蛊惑煽动。在新媒体平台上，信息的制造和传播十分自由，这一方面给公安大学生的自我表达带来了便利，另一方面，也使一些不当言论聚集于此，使新媒体成为有意或无意泄露涉密信息的渠道。由于新媒体具有传播速度快、影响范围广等特点，加之监管相对困难且责任追究成本较大，因此很难做到对违规发布者进行有效惩戒。

（二）传统的公安大学生思想政治教育模式受到冲击

哈罗德·拉斯韦尔在《社会传播的结构与功能》中曾详细论述了“5W”传播模式，认为传播过程存在五个基本构成要素，即“谁（who）、说什么（what）、对谁说（whom）、通过什么渠道（what channel）和取得什么效果（what effect）”。在传统的公安大学生思想政治教育过程中，教育工作者因为在信息资源的获取和储备上占据绝对优势地位，容易在学生中树立威信，从而取得较好的宣传效果。然而，在基于新媒体环境的思想政治教育中，教育工作者正逐渐丧失这一优势。这反映在“5W”传播模式中，就表现为“谁”和“通过什么渠道”两个方面相应地发生了转变，逐渐由教育工作者的单一主导模式向师生交替

主导的方向发展，由传统的言传身教向现实具象与网络虚拟相结合的方向发展，进而使传统的公安大学生思想政治教育模式受到冲击。

（三）公安大学生思想政治教育的效果被削弱

在通信技术日新月异、社会结构深入转型的时期，“5W”传播模式中的“取得什么效果”这一要素也在发生着微妙的变化。一方面，新媒体海量信息的涌入使得社会多元化的思潮对公安院校大学生的思想认识造成深刻影响；另一方面，新媒体理念对学生的思维方式也产生了同样的影响。传统的思想政治教育模式日益难以满足基于新媒体环境的下公安大学生的需求，多元思想文化的传播使得依靠传统宣传手段开展的思想政治教育的效果受到明显削弱。

三、公安院校思想政治教育中运用新媒体所面临的问题

（一）思想认识上存在缺失

在不少公安院校思想政治教育工作者的头脑中，依然存在视新媒体为“洪水猛兽”的看法，他们过度放大了新媒体对公安大学生思想政治教育的负面作用。同时，更为普遍的观点是，新媒体是年轻人之间自娱自乐的新事物，没有充分认识到新媒体在思想政治教育领域的价值和作用，没有把充分利用新媒体来加强思想政治教育放到一个应有的高度上来。

（二）政策引导上缺乏支持

在新媒体发展的大背景下，公安大学生的思想政治教育迫切需要通过顶层设计来明确大方向、大方针和路线图。如果缺乏政策上的引导，思想政治教育工作者就容易莫衷一是，不能很好地就新媒体的应用问题达成一致。相比新媒体更新速度快的特点，相关政策的缺失容易导致教育模式的加速落后，从而形成思想政治教育不能满足时代需求的被动局面。

（三）技能掌握上缺乏保障

当下的公安院校大学生也是网络原住民，对新媒体接受速度较快、适应能力较强。而思想政治教育工作者一方面年龄较长，对新鲜事物的接受较为慎重；另一方面，部分教育工作者还承担着学生管理工作，忙于督促警务化管理标准的执行工作，没有大量的时间和精力系统学习新媒体技术。长此以往，便导致思想政治教育工作者不了解新媒体技术的特点、对新媒体教学手段掌握不够熟练、对新媒体思维理解不够深刻的问题。

四、积极运用新媒体创新公安大学生思想政治教育

（一）转变思想观念，辩证看待新媒体

从马克思主义哲学基本规律来看，公安大学生思想政治教育中的新媒体手段与传统模式具有对立统一关系。一方面，新媒体的普及对传统教育模式产生了冲击，两者处于一种“此消彼长”的动态变化过程；另一方面，两者可以确立使公安大学生思想政治教育取得更好效果的共同目标。根据否定之否定规律，我们既要清楚地认识到新媒体对传统教育模式中不符合当下思想政治教育工作实际之处的否定，也要看到随着时代的发展，新媒体手段也会显现出不足，传统模式中的一些优点也能重新焕发光芒。积极运用马克思主义哲学理论，辩证看待新媒体对公安大学生思想政治教育的影响，摆正对新媒体的态度，高度重视新媒体在思想政治教育领域的作用，是合理利用新媒体的思想基础和认识根基。

（二）研究传播规律，促进优势互补

思想政治教育工作者要深入研究新媒体的传播规律和特点，系统学习新媒体的知识理论和传播学的专业内容，结合公安大学生思想政治教育的具体要求，有效地实现把思想政治工作贯穿于办学育人全过程的目标。同时，要发挥传统模式权威性强、信息来源可靠、可信度高、学理性思辨性强等优势，实现两者的优势互补，全方位服务于公安大学生的思想政治教育。

（三）提升技术水平，加强队伍建设

针对当下“懂思想政治教育，不懂新媒体技术”的现实问题，要积极组织开展系统的业务培训工作，提高公安院校思想政治教育工作者运用新媒体技术的水平。要总结已有的工作经验，借鉴其他领域的新媒体手段使用经验和教训，紧密结合公安大学生思想政治教育的特点，形成一套完整的公安院校思想政治教育工作者新媒体技术培训方案，从而促使他们向全能化、信息化、现代化的方向发展。

（四）尊重学生主体，形成良性互动

传统“我说你听”的单向灌输模式，容易让学生“知其然而不知其所以然”。因此，要借助新媒体手段的多元性、平等性、交互性等特点，让哈罗德·拉斯韦尔的“5W”传播模式中的“谁”从单一的教师主体向教师、学生共同参与的方向转变，从而激发学生的参与热情。通过加强与学生的互动交流，使教师真正了解他们的思想动态、尊重其主体地位，从而形成亦师亦友的新型师生关系。

（五）做好保密工作，完善监督机制

公安院校大学生作为公安预备力量的特殊地位决定了其在使用新媒体平台过程中必须遵守一些特殊的操作规范。这主要包括两个方面：一是要严格遵守保密规定；二是要严守政治纪律。公安院校的思想政治教育工作者一方面要努力建立健全新媒体使用过程中的保密工作规范，在制度上明确涉密信息的标准、涉密信息的操作规范以及责任落实机制。通过提高监管技术水平、加强监督平台建设，严密把控信息的出入口，完善信息保障机制；另一方面，要及时把握新媒体空间里公安大学生思想动态，对一些与主流意识相悖的言论进行疏导，对违反公安大学生政治纪律要求的苗头加以及时遏制，对积极正面的素材加以挖掘宣传，树立模范典型，努力培养他们成为“政治过硬、业务过硬、责任过硬、纪律过硬、作风过硬”的公安事业接班人。

第四节　新媒体环境下思想政治教育融入大学生创新创业课程设计

现阶段，我国新媒体环境主要是指依托网络信息技术及数字通信技术等新形式对传统媒体形式进行优化升级。目前新媒体已经广泛应用在大学生的日常交流中，成为大学生生活中不可或缺的传播媒介。信息多元化的趋势为我国高校思想政治教育带来巨大的机遇与挑战，因而，当前思想政治教育应顺应时代的发展潮流，不断与时俱进，对传统教育模式中的不足之处进行优化与调整。在新媒体背景下，积极与大学生创新创业课程进行有机融合，确保课堂质量的提升，进而有效地提高大学生就业率，为社会培养出大量的优秀人才。

一、新媒体环境下思想政治教育为大学生“双创”课程带来的转变

（一）教学观念

当前，在新媒体环境下，思想政治教育要想充分与大学生“双创”课程进行有机融合，首先要积极转变教师的教学观念，突出时代的主流思想与创新意识，对传统教学观念中的不足加以优化与调整，进而充分地将教材中的知识从创新的角度展现出来。

例如，绝大多数大学生在思想政治课堂上会觉得中国的国际地位及其面临的机遇与挑战等相关政治内容离自身实际较为遥远，因而对思想政治教育内容认识不深刻、理解不到位。但是如果教师将这部分内容结合新媒体的形式，启发学生利用信息化带动国家的经济发展，从中实现自身的个人价值与社会价值，学生就会觉得这样的思想政治课不仅切合实际，同时还生动有趣。因此，为学生提供这样一个相互讨论与自我思考的平台，能够在一

定程度上使大学生对未来的创新创业产生共鸣。

（二）教学方式

在新媒体的背景下，要采用思想政治教育与“双创”教育有机融合、理论与实践相结合的新型教学模式。例如，对大学生创新创业课程的讲解，通常要以案例的形式引导学生进行头脑风暴，借助情景教学法来进行实践模拟，通过此种形式培养和强化学生解决问题的能力及团队协作精神。

同时，还可以在学生日常思想政治教学环节中引入“双创”教育的实践环节，以此来提高大学生对创新创业实践活动的参与度，从而更好地达到学以致用的目的，为将来更好地就业打下坚实的基础。

二、新媒体环境下思想政治教育融入大学生“双创”课程的主要表现

（一）为学生带来创业的机遇与挑战

基于新媒体环境的思想政治教育为大学生创业带来了许多发展机遇，同时也带来了一定的挑战。据相关部门统计，目前，全球范围内大学生创新创业的比重已达到大学生总量的 30%。就我国而言，近年来大学生创新创业的比重也呈现持续上涨的趋势。

2015 ～ 2017 年，我国大学生创新创业人数和比例均呈现出逐年增长的趋势，这为基于网络平台、微信、微博等多种形式的思想政治教育在高校学生“双创”课程中的融入提供了更加广泛的受众基础。而以网络为主的新媒体也成为多数大学生创新创业过程中的必备工具，这进一步为思想政治教育在“双创”课程中的融入提供了重要媒介。还需说明的是，新媒体对大学生创业而言是一个全新的平台与起跑线，在新媒体的驱动下及网络信息技术的不断推动下，会为大学生带来源源不断的创业商机，使得大学生在众多机遇中充分发挥自身的主观能动性。这也是新一代大学生群体特有的优势。在新媒体背景下，依托新媒体的力量还能够在一定程度上降低大学生的创业成本。国家对大学生自主创业加大资金扶持力度，大学生在新媒体环境下进行创新创业不仅能提升自身的创业能力、降低创业成本，同时还能得到国家的资金支持，这对于当代大学生来说无疑是开阔眼界、增长见识、提升能力的最好途径。

（二）立足于新媒体理念为学生提供更多的“双创”实训平台

创业实训作为创新创业课程的延续，是学生对创业的模拟、参观与体验，主要培养大学生的创新思维和创业能力。立足于新媒体的理念与思维为学生提供更多的“双创”实训平台，可以通过“互联网 + 模块”的方式，比如设定模拟模块，该模块包括网络平台的生产经营、工商注册、商业计划书等，开展虚拟模拟，还有商业画布、沙盘模拟，以及财务、

人资管理等专业软件模拟；还可以创新游戏模块，通过特定游戏来改变大学生的固有思维模式，培养其创新思维。

在当前新媒体环境下，思想政治教育要想与大学生创新创业进行有机融合，首要的就是培养当代大学生的“双创”意识，支持并鼓励大学生进行自主创业；并利用新媒体的理念与思维结合互联网的先进技术为大学生提供更多的实训平台，帮助学生在学习期间培养全面的创业素质与理念，提升其在社会上创新创业的成功率。

三、新媒体环境下思想政治教育融入大学生“双创”课程的设计路径

（一）全力打造以“双创”教育为导向的思想政治教育模式

思想政治教育融入高校创新创业课程中为大学生的整体课程带来了许多转变，这些转变不仅仅涉及教学理念、教学方式等层面，在一定程度上还能够促进思想政治教育树立以创新创业为导向的宗旨，进而帮助当代大学生更好地创业和就业。

一方面，学生通过借助新媒体，在思政课堂上对创新创业能力与理念进行自主培养，能够有效地增加思想政治教育为创新创业活动带来的实际意义。另一方面，当代大学生对这些观念及能力进行自主培养，还能形成正确的价值取向与社会价值观。因此，思想政治教育以创新创业理念为重要的导向，能够有效地消除以往过于形式化的弊端，充分提升其实效性。

（二）建立与完善思想政治教育与“双创”课程相结合的实践平台

无论是思想政治教育还是创新创业教育都要理论结合实践，不能只发展理论或者只重视实践。我国以往的思想政治教育中也有实践的环节，但是实践的形式陈旧且过于形式主义，使得大学生对此产生厌烦心理，进而丧失学习兴趣。但是现阶段，思想政治教育融入大学生的创新创业课程之中，为实践平台增添了一定的实用性与开放性，能够最大限度地促进学生创新意识与创新精神的发挥。

基于此，高校应该利用原有校企联合的路径，根据自身的资源及现实合理地构建实践平台，建立与完善思想政治教育与“双创”课程相结合的实践平台，突出新媒体的资源导向性价值，从而进一步对思想政治实践课程进行拓展，为学生未来真正进行“双创”活动打下坚实的基础。

综上所述，在新媒体环境下，高校的思想政治教学工作本来就是需要长期进行的、复杂的引导过程。因而，原有的教学模式及互动路径等内容，都要根据新媒体的要求不断地做出优化及调整，适时地与高校创新创业课程进行有机融合，进而确保学生在未来就业及创业的发展道路上畅通无阻。

第五节　基于新媒体环境的大学生思想政治教育工作的“微创新”

新媒体是在报刊、广播、电视等传统媒体之后发展起来的，利用数字、移动、网络技术，通过各种渠道以及手机、电脑等终端，向用户提供信息和娱乐的传播形态。它既融合了传统媒体性能，又具有移动式的通信、互动等数字化传播功能。任何人在任何时间、地点都可以通过任何终端进行任何数据信息的交互与传输。当代大学生作为新媒体的最大受众群体之一，新媒体在为其大学生活、学习创造全新环境的同时，也冲击着大学生的思想观念，给高校思想政治工作带来了新的挑战。尤其是微博、微信等“微传播”手段，由“微”不足道发展为无“微”不至的“微时代”，“微传播”已悄然影响着大学生的思维方式和行为方式。为适应基于新媒体环境的时代变迁及“微传播”信息的即时交互，探索出大学生思想政治教育的新模式，我们应把线上线下双向互动作为手段，以平台和机制建设为着力点，积极抢占思想政治“意识形态领域”新阵地，最终引导大学生形成正确的世界观、人生观、价值观，使得思想政治教育工作更富时代感，更具生活化，更有趣味性和实效性。

一、转变观念，注重“微交流”，提高“微素养”

高校思想政治工作肩负着“培养什么人”“如何培养人”的重要使命。面对“微时代”背景下“微媒体”给大学生思想带来的冲击，我们必须从心理上接受这样的既定事实，及时转变观念，引导大学生树立正确的微媒体使用观，使其更好地服务于高校思想政治工作。只有教育者自身融入“微文化”中去，其才有能力基于现实情况进行及时调整，采取有效措施解决问题，提升教育的针对性和有效性。

基于时代需求，积极构建一支适应“微时代”特征的思想政治工作队伍，不断提升教师的理论水平与信息处理能力，使得教师能够“根据‘趋利避害’的精神和‘充分利用，积极建设，加强管理’的原则，牢牢掌握网络的主动权”。同时“创新改进网上宣传工作，运用网络传播规律，弘扬主旋律，激发正能量，大力培育和践行社会主义核心价值观，把握好网上舆论引导的时、度、效，使网络空间清朗起来”。例如，可以从“微”入手，通过评微博、聊微信、观察微事物、体验微生活、实现微教育等方式，在教师队伍中广泛开展“学说微语言，摆正微心态”主题教育活动，使得教师更加擅用网络语言，更好地找准角色定位，更细致地体察学情，提升大学生思想政治工作队伍的“微素养”。教师主动学习“微时代”的新技术、新观念、新语言，将其正面价值理念纳入思想政治教育工作中，为引导“微时代”舆论起到积极的作用。

二、创新手段，搭建“微平台”，体验“微生活”

为适应“微时代”传播设备移动性、形式微小性、速度即时性、方式互动性、内容复杂性等特征，不少高校已经主动创建了微信平台、微博平台、人人网平台、BBS论坛等，形成了新时期高校宣传教育网络的重要平台。利用新媒体点对点、点对多、多对多的交流互动功能，形成教育者与被教育者之间的即时、有效、平等沟通，通过平台了解大学生的真实想法，准确把握大学生的思想动态及其人生观、价值观、世界观状态。牢牢把握“第一时间”“第一现场”和“第一报道”，对学生进行引导，做到不缺位、不失语、不遮遮掩掩、不放任自流，主动利用新媒体工具拉近师生之间距离，确保舆情信息引导机制发挥高效、正面、良好的作用。

新媒体拓展了大学生的学习、生活空间，使大学生进入新媒体化的学习、生活环境，大学生可不受时空限制，全方位接受教育。同时新媒体也拓展了思想政治教育维度，让思想政治教育工作者不仅有了传统教育的空间与范围，也有了虚拟的空间与范围，构建了一个广阔的、立体式的工作平台。高校可以通过组织讲述“微典型”故事、定期展示优秀DV作品、分享心得体会等丰富多彩的活动，充分利用“微平台”传播各类信息，不断提高平台在师生中的关注度，使其成为大学生思想政治教育的重要途径。各类“微平台”的建立也给师生提供了更为便捷、有效的沟通途径，打破传统师生交流受到的时空限制，提高思政教育效率，也为新型师生关系重构提供了良好机会。“打造微平台，拍摄微电影，树立微典型”，不断创新教育模式，形成了“线上传播交流，线下体验讨论”的教育合力，由形式说教型教育转向情感内化型教育，为思想政治教育工作提供全新的视角，使得思想政治工作更贴近实际、贴近生活、贴近学生。

三、加强管理，探索“微模式”，搞好“微教育”

为了确保“微平台”在绿色环境下健康运行，高校应建立可满足新媒体发展需要的网络舆情引导制度，组建专门“微团队”加强对平台的日常监管维护，形成大学生使用微媒体的信息交流和意见反馈制度。鼓励大学生建立和完善自律自查机制，培育一批大学生网络信息员和舆论领袖，加强大学生网络文明言行习惯的养成，提升大学生的社会责任感。建立健全校园新闻发言人制度，凸显新闻发言人在舆论引导中的作用，及时、主动、准确地发布权威信息，澄清虚假新闻、消除误会，引导正确的舆情导向，增强高校师生认同感。加强大学生关于互联网行为规范的法律法规教育，通过广告栏、宣传板、报告会、选修课等方式积极开展新媒体通识宣传教育活动，增强大学生“微平台”使用者的责任意识、辨别意识和自律意识。此外，也呼吁整个社会，包括媒体行业、政府及相关部门积极借鉴国外的先进经验，加强技术攻关，制定和完善相应的法律法规，建立健全一套严格的新媒体信息监管机制，为当代大学生思想政治教育营造一个良好的环境。

通过不断探索创新，总结出大学生思想政治工作的O2O教育模式。O2O教育模式以角色转换、发现“微典型”等活动为契合点，以“线上引导舆论，线下指导行为”为最终目标，以互动式、体验式、引导式和渗透式等方式来开展思想政治教育工作，实现虚拟与现实的和谐统一。充分利用“微传播”手段加大宣传力度、传递正能量。例如在发现“微典型”活动中，积极鼓励师生用“显微镜”观察身边“微人物”的“微变化”，善于发现其闪光点，将其制作成微视频或写成微小说上传到“微平台”参加评选，并将优秀作品通过平台在师生中进行推广等。此类活动的举行使得“线上传播交流，线下体验讨论”完美结合，不仅实现大学生思想政治教育由静到动的转变，也促进了大学生思想政治教育工作的健康、和谐发展。

第六节 新媒体环境下体育院校大学生思想政治教育的创新

目前，体育院校大学生思想政治教育仍然以灌输、说服教育为主要方法，教育效果整体不够理想。新媒体环境对大学生思想政治教育提出的新要求是促进体育院校思想政治教育工作发展。教育者应在不断总结传统教育弊端的同时，紧跟时代步伐，研究、发现更多适应当代教育需要的新思路和新方法，促使思想政治教育方法得到丰富和发展，提高教育成效。

一、创新大学生思想政治教育的现实意义

体育院校大学生思想政治教育主要采取灌输、说服的方法，通过语言表述和情感带动等方式来感染受教育者，从而达到改变其态度和行为的目的，具有显著的政治性、阶级性、时效性特点。目的是利用摆事实、讲道理的说教方式，把党和国家的方针、政策和理论传授给学生，并且将其转化成学生行动的指导思想。然而，新媒体环境对体育院校大学生的影响十分时刻，其中不乏一定程度的负面影响，这使得一些学生的思想政治观念发生了巨大变化，价值观出现偏差。在旧的教育体制的影响下，体育院校的思想政治教育在内容、形式上与现实开始出现脱节，成效不明显。这种形势就迫使教育者必须对大学生的思想政治教育进行创新，以体现教育的价值。只有不断探究、改革突破，找出切实可行的方法，才能达到大学生思想政治教育的目的，发挥其应有的作用。

一方面，经济快速发展，贫富差距加大，社会矛盾也愈发凸显，一些国内外敌对势力仍未放弃对我国实施思想渗透和分化。各种反动、腐朽的价值观念影响着大学生，加之严峻的就业形势使他们心理上产生更多的困惑与矛盾，甚至使他们误入歧途，思想观念变得更加复杂，逐渐怀疑主流价值观，内心产生抵触情绪，给思想政治教育带来了巨大的挑战。

这就迫切要求教育者不断创新，以在教育中立于不败之地。

另一方面，计算机科学技术的广泛运用和发展带来了新的契机，网络传播打破了时空限制，深刻改变着大学生的思想观念和生活方式。网络飞速发展使人们的工作、学习变得更加便利，同时也使一些错误、腐朽的思想乘虚而入，误导大学生，致使一些大学生道德沦丧、品行败坏，甚至走上违法乱纪的道路。这就要求教育者不断创新教育方式以提高思政教育成效。

再者，从整体来说，体育院校大学生思想政治教育依然存在着体制不完善、观念落后、教育内容缺乏时效性、教育方法单一等问题。各部门各司其职，彼此之间工作联系较少，不利于教育合力的形成，无形中制约了教育力量的壮大，自然无法达到预期的教育效果。除此之外，政治理论课仍然把马克思主义基本理论与社会主义科学理论体系等作为教育的主要内容，实效性不强，讲授内容没有与大学生的思想实际紧密联系起来；加之教育方法缺乏新颖性，内容枯燥乏味，流于形式，成效甚微，创新迫在眉睫。

二、创新大学生思想政治教育的现实依据

当今，新媒体环境要求体育院校大学生思想政治教育必须与时俱进，适应时代发展需要，因势利导进行改革，应着重做到以下几点。

（一）创新要以人为本，突出时代性，体现针对性

创新体育院校大学生思想政治教育应当依据学生特点进行，避免内容陈旧、与大学生实际生活脱节，应体现时代性。只有结合学生需要，了解他们的兴趣、突出他们的特长，才能真正解决各种问题，使教育事半功倍。

在新媒体环境下，说服教育仍是开展体育院校大学生思想政治教育工作的主要方式，语言的感染力尤为重要。教育者要引导学生发挥主观能动性，突出自身主体地位，充分实现以人为本的教育创新。在日常学习生活中，教育者应本着民主、平等的沟通原则，把传统语言交流和新媒体交流相结合，从多方位、多层次进行教育，了解教育客体的行为变化和思维方式，掌握学生的共性与个性特点，激发共同兴趣；深入进行师生互动，利用热点话题组织讨论，时刻关注他们的思想动向，潜移默化地进行引导，体现针对性，这样将会使教育效果得到明显提高。

（二）创新要具有整体性，把握学生基本思想状况

在新媒体环境下，体育院校思想政治教育工作者要全面认识学生的基本思想状况，广泛开展调研活动，全面了解学生的思想动态、心理素质、环境适应能力、价值取向等方面的情况。从全局角度掌握“第一手”资料，这样才能有的放矢地开展教育，采用不同的方法。

如今的大学生多数是独生子女，从小在衣食无忧的环境下长大，依赖性较强，自我意

识强，阅历浅，人际关系冷漠，心智不成熟，处事缺乏自主能力，不会独立思考问题，面对挫折打击容易灰心丧气，承受能力较差，心理调适能力较弱。面对就业压力、同学矛盾、失恋等问题，不懂得如何正确处理，容易受挫、走极端，甚至违法乱纪或轻生。一些大学生缺乏分辨能力，沉溺于上网，荒废学业，在社会负面思想的影响下误入歧途，信仰缺失，思想腐朽。这些现象给教育者敲响了警钟，要想有效地解决这些问题，就要及时掌握学生思想动态，突出整体性，这样才能更好地创新思想政治教育。

（三）创新要体现可行性，结合当前思想政治教育实际

在新时期创新体育院校大学生思想政治教育应与实际相结合，切实找出实际教学中存在的问题，相应地改进教育方法，使之更好地发挥作用，为教育服务，提高成效。

因此，体育院校大学生思想政治教育的创新首先要遵循可行性原则，避免“纸上谈兵”、流于形式，充分体现马克思主义理论联系实际的内涵精髓，符合马克思主义倡导的把精神条件转化为物质条件的实践要求，将思想政治教育从理论层面延伸到实践中去，做到现实操作性与可执行性的高度统一。只有这样，才能体现思想政治教育创新的核心。

三、创新大学生思想政治教育的途径

进一步加强和改进体育院校大学生思想政治教育应提高其实效性并增强其感染力，重点要在教育主体、舆情主动权和教育方法等方面取得突破。具体应当做到以下几点。

（一）提高教育者综合素养

体育院校思想政治教育者的综合素养对教育效果有着直接的影响，如果没有较高的综合素养，那么教育目的将很难达到。因此，教育者的综合素养决定着教育的质量。在新媒体环境下，教育者的综合素养主要包括以下三个方面。

1. 具有较高的思想政治素质

体育院校思想政治教育者的主要任务是培养大学生形成一定的思想政治素质。德育教育在人才培养中发挥着重要作用，这就需要教育者自身首先要具备高水平、高素质，做到用正确的理论武装自己、指导自己，通过自身榜样示范、言传身教引导受教育者。教育者只有努力培养自身的道德意识，把握好大学生思想政治教育的特征和规律，充分发挥新媒体技术的优势，才能为思想政治教育创造更多的有利条件，为自身开展教育工作提供各种便利，从而收到教育预期效果。

2. 具备广博的文化知识

教育者的文化素质高低决定着教育内容的丰富性与否，教育者越是具备广博的文化知识，传授给学生的知识内容就越多，教育就更加深刻。在新媒体环境的影响下，教育者要想提高其教育质量，就必须具备更加广博的基础文化知识。这就要求教育者树立终身学习

观念，不断增加知识储备，提高实践操作能力，及时了解专业知识领域的新动态和新方向，不断学习，继而提高自身教育的时效性。

3. 拥有良好的职业操守

作为体育院校大学生思想政治教育者，应当做到干一行爱一行，爱一行干好一行，具有爱岗敬业的职业操守，努力做到学高为师、身正为范；在自身岗位上不断锻炼自己，不断加强学习，坚定正确的政治立场，积极传递健康的教育内容。不仅能从网络中获得各种教育资源，把握好国家教育政策，提高自身的信息甄别能力，而且能够认真领会有关思想政治教育工作的各种文件中的精神，严格按照要求执行，做好思想政治教育工作的每一个环节。

（二）掌握舆情主动权

日常生活中的各种热点问题最容易受到大学生的瞩目，在传统媒体和新媒体的共同推动下，形成了一定的舆情环境。当前，事件的主要传播渠道是网络，各种信息内容良莠不齐，能在短时间内产生效应。体育院校大学生具有灵活性特点，接受外界思想较快，也容易受到负面消息的影响，一旦爆发网络危机便难以掌控局面。这就要求教育者时刻关注学生网络动态，发现问题及时疏导，引领他们理性思考，客观分析问题，深入探究问题真相，牢固掌握好大学生的舆论动向，掌握舆情主动权。只有这样，才能避免思想政治教育工作处于被动局面。

（三）创新思想政治教育的方法

1. 做好理论教育，重视社会实践

体育院校大学生的思想政治教育不能单靠说教，也不能单靠思想政治理论课，必须在掌握理论基础知识的前提下组织学生广泛参与社会实践。体育院校应结合自身实际情况，创新教育内容，适应时代发展需要，不断拓展思路、创新改革。通过开展各种形式的活动加以强化，与学生学习生活紧密联系起来，引导他们树立正确的“三观”，把理论知识运用到社会实践中去，使学生学习由被动变为主动，不断提高教育成效。

2. 解决实际问题，突出教育主体

新媒体环境下，体育院校思想政治教育应把解决大学生实际问题摆在首位，以解决问题为根本。如果不能有效解决学生实际问题，思想政治教育将变为空谈，还会引发深层的连锁反应。所以，针对学生实际问题，教育者要时常保持高度重视与警惕，提高防范意识，关注各种热点问题，及时干预和引导舆论；教育学生端正态度，学会独立思考问题、理性思辨，学会透过现象看本质。面对学生遇到的困难，教育者要多给予关怀，使他们学会自我调适，提高心理承受能力，从而帮助其树立正确的苦乐观，这对学生成长成才具有十分重要的意义。

除此之外，大学生思想政治教育还要重视启发他们学习的积极性，使其在教育目标的驱使下沿着既定方向前进。教育者不仅应突出自己的主导地位，更要突出学生的主体地位，培养他们自我教育的能力。教育者要引领大学生从自我认识、自我体验、自我感悟、自我控制、自我激励等方面入手，使学生学会反思和自我批评，主动接受教育洗礼，提高思想认识水平，养成良好思想品德。

3. 继承与创新相结合，加强校园网络管理

在变革发展的年代，体育院校大学生思想政治教育创新是源于实践的需要，虽然优良传统教育不能丢弃，但要结合时代特征进行创新。教育者应汲取传统文化中符合现代社会需要的精华，在继承传统的基础上结合现代教育手段，不断改进创新，开辟新思路，这是教育主体顺应环境变化的具体体现。

网络在大学生的学习生活中占据着重要地位，也对他们的思想政治教育发挥着巨大作用。加强校园网络监管是开展大学生思想政治教育的有力保障，因此，体育院校的网络管理必须体现约束性与执行性。

当前，网络已经成为大学生思想政治教育的主要阵地，要想利用好网络就必须规范校园网络管理，构建完善的网络监管体系，这样才能有效地进行监控，有针对性地开展教育活动。

社会的进步与发展标志着一个前所未有的新媒体时代的到来，在这样的形势下，我们要把握好时机，充分利用好新媒体，结合体育院校的优势与特点，在大学生思想政治教育的道路上不断探索前进，改革方法、创新思路，确保德育工作能够顺利实施。

第七节 “四个自信”视域下应用新媒体创新大学生思想政治教育的研究

习近平总书记在庆祝中国共产党成立 95 周年大会上提出了“四个自信”，即中国特色社会主义道路自信、理论自信、制度自信、文化自信。本节从“四个自信”角度出发论述大学生思想政治教育的重要性，分析了当前大学生思想政治教育中“四个自信”教育存在的问题，并结合当前新媒体环境的特点，有针对性地提出结合新媒体创新性地开展以“四个自信”为核心的大学生思想政治教育的具体措施。

一、将“四个自信”教育融入大学生思想政治教育的重要意义

大学生思想政治教育工作历来都是我党高度重视的战略工程。2016 年 12 月，全国高

校思想政治工作会议在北京召开。在会上，习近平总书记明确提出了“应该办什么样的大学，怎样办好大学，培养什么样的人才，如何培养人，为谁培养人的问题”，强调各高校要坚持把立德树人作为中心环节，把思想政治工作贯穿于教育教学全过程，实现全过程育人、全方位育人，努力开创我国高等教育事业发展新局面。2017 年 10 月 18 日至 10 月 24 日，中国共产党第十九次全国代表大会在北京召开。随后在教育部发布的《中共教育部党组关于教育系统认真学习宣传贯彻党的十九大精神　写好教育“奋进之笔”的通知》中也提到，要扎实推动党的十九大精神学习、研究、宣传全覆盖，自觉用习近平新时代中国特色社会主义思想武装广大干部、师生的头脑；要牢固树立“四个意识”，不断坚定“四个自信”，在政治立场、政治方向、政治原则、政治道路上同以习近平同志为核心的党中央保持高度一致。可见，加强研究大学生思想政治教育现状，并结合新媒体环境的特点，创新性地开展以“四个自信”为核心的大学生思想政治教育，对提高大学生思想政治教育水平有着重大的现实意义。

二、当前高校以“四个自信”为核心的思想政治教育工作中存在的问题

（一）对大学生开展“四个自信”教育的顶层设计不完善

加强对大学生的“四个自信”教育，正确认识“四个自信”教育的重要性和长期性，是高校刻不容缓的育人使命。但当前部分高校对开展“四个自信”教育缺乏宏观思考和顶层设计，开展“四个自信”教育的整体思路不明确，缺乏科学合理的系统性教育方案，这些导致在开展“四个自信”教育时学校各部门之间分工不明确、步调不统一，彼此间缺乏沟通，没有形成合力，在一定程度上弱化了“四个自信”教育的实际效果。

（二）高校对大学生开展“四个自信”教育不够重视

第一，部分高校领导自身对“四个自信”的认识不够深刻，没有系统地组织全校师生深入学习“四个自信”的相关内容，致使部分教师并没有将“四个自信”教育融入日常的教育教学活动中，也直接导致学生对“四个自信”理论体系缺乏全面的认识。第二，部分高校没有把“四个自信”教育作为学校头等大事去抓，对中央文件精神的贯彻和落实存在短期性和形式化的问题。第三，部分高校对大学生“四个自信”教育的认识存在误区，只是简单地把对大学生的“四个自信”教育作为一项教学任务分配到二级学院或社会科学部，由思政课的老师在课堂上进行单纯的理论灌输。这种完成任务式的教育模式力量单薄、渠道单一、收效甚微，无法收到全方位育人的效果。

（三）对大学生开展“四个自信”教育的内容和方式有局限

第一，对大学生进行思想政治教育的内容没有与时俱进。一方面，部分高校在对大学

生进行思想政治教育时并没有及时融入“四个自信”的相关内容，导致教育缺乏时效性；另一方面，部分高校在开展大学生思想政治教育时没有与当下的社会热点相结合，使思想政治教育与社会发展脱节，导致大学生对“四个自信”的认识不到位。第二，对大学生进行思想政治教育的方法不新颖、载体不丰富。随着新媒体时代的到来，以微信、微博等为典型代表的新媒体工具已经深深地融入了大学生的学习生活中。但是有些高校的思想政治工作者在推进“四个自信”进校园、进课堂、进头脑的过程中，没有很好地利用新媒体工具，对一些富有时代气息的信息、技术、知识视而不见，师生之间缺乏互动，没有充分发挥学生的主观能动性，思想政治教育缺乏吸引力。

（四）基于新媒体环境的高校思想政治教育者的话语权被弱化

在新媒体环境中，由于新媒体信息传播具备去中心化、交互性强的特点，大学生可以在新媒体平台上表达自己的观点、传播自己的思想，每个人都有可能成为信息的中心，因而弱化了高校思政工作者的中心地位。另外，在新媒体这个平等的交互平台上，大学生的主体意识会被极大地激发和调动起来，他们可以通过多种渠道了解并传递信息。这在无形中削弱了高校思想政治工作者的权威性与信息优势，弱化了高校思政工作者对学生的思想掌控力。

三、“四个自信”视域下创新大学生思想政治教育的路径

（一）完善高校思政工作体系，构建校内校外相结合的思想政治教育阵地

一是构建大学生思想政治教育的校内主阵地。高校要把“四个自信”教育作为学校的头等大事来抓，学院领导牵头成立“校思想政治工作领导小组”，统一调配学校的资源，打破各部门之间的壁垒，实现学校各部门之间的有效衔接，形成学校各部门之间统一作战、共同教育的合力。二是构建大学生思想政治教育的校外阵地。开展大学生思想政治教育工作要注重学校与社会的结合、理论与实践的结合，可以在专业人才培养方案中设置大学生思想政治教育校外实践课程，给予相应的学分及学时保障。另外，还要把“四个自信”的内容融入大学生校外实践和实习的过程中，让大学生深入农村、企业、社区进行相关调研，调动他们的主观能动性和积极性，激发他们的社会责任感，让大学生在实践中深刻体会“四个自信”的科学性、先进性。

（二）完善高校“三全育人”机制，实现“四个自信”在大学生思想政治教育中的深度融合

首先，高校应积极构建“三全育人”机制，努力营造全员育人、全过程育人、全方位育人的良好氛围。全员育人，指的是高校里的每一位教职员工，包括学校的领导、中层干部、专任教师、行政管理人员等，所有人齐心协力，共同推进以“四个自信”为核心的思想政

治教育；全过程育人，就是把“四个自信”教育融入大学生从入学到毕业的整个学习过程中，从大学生入校后的专业教育、主题班会、团课、党课、专业课程学习、顶岗实习环节，到毕业时的就业指导教育，都要融入“四个自信”的内容，使其在潜移默化中产生效果；全方位育人，指的是对大学生进行“四个自信”教育时，既要发挥传统思政课堂的作用，加强理论宣传，同时也要重视第二课堂的思想政治教育，把“四个自信”教育融入大学生的各种校园文化活动、社团活动、社会实践活动中。另外，还要占领网络宣传的主阵地，构建校园网络思想政治教育平台，把“四个自信”教育渗透到大学生的学习、生活中。

（三）加强新媒体环境下的思政队伍建设，为“四个自信”思想政治教育工作的推进提供人才保障

1. 提高高校思政队伍对“四个自信”的认识

习近平总书记在全国高校思想政治工作会议上强调，传道者自己首先要明道、信道。高校思政工作者自身首先要加强对“四个自信”的学习和理解，要学得深、学得透，做到入脑、入心；提升“四个自信”认识水平，树立对“四个自信”的坚定信念，要做到真信、真学、真用；对“四个自信”要有整体的把握，要做到用马克思主义的科学观和方法阐明“四个自信”的历史和实践渊源，解决大学生思想政治教育工作中出现的新问题。

2. 提高高校思政队伍运用新媒体的能力

首先，思政工作者要认识到新媒体给大学生思想政治教育工作带来的机遇，加强对新媒体技术的学习和使用，提高自身的新媒体素养，掌握新媒体知识，了解新媒体的特征、优势、劣势，并创新性地运用到高校思想政治教育工作中。其次，思政工作者要创新教育方法，改变传统“教师→学生”的单向灌输式教育模式，利用新媒体工具加强与学生的交流和互动，实施教师与学生双向沟通的教育模式。比如，可以使用微信、QQ 等新媒体工具加强与学生的沟通交流，及时了解学生的思想动态和情绪变化。这样的方式增加了师生之间的沟通，有益于构建和谐融洽的师生关系，也能提高高校思想政治教育工作的针对性和实效性。

（四）充分发挥新媒体的优势，增强大学生思想政治教育工作的时代感和吸引力

1. 搭建基于新媒体环境的高校网络思政教育新平台

第一，要加强信息化校园建设。高校要加强校园无线网络建设，为搭建高校网络思政工作新平台提供硬件保障。以广西国际商务职业技术学院为例，其通过校园信息化建设，目前已经实现了 WIFI 信号在校园的全覆盖，教师和学生只要登录个人专属账号就能使用校园网络，有效降低了网络思政工作的成本。第二，建立思政工作网站或思政论坛。高校应当充分利用新媒体建立思政工作网站，开辟思想政治工作的网络新阵地，专门对“四个

自信”相关内容进行普及和宣讲。还是以广西国际商务职业技术学院为例，其建立了“赤水青川”思政网站，及时对党的理论、政策、“四个自信”等内容进行主题推送，在学生中收到了良好的宣传实效。第三，建立思政工作微信公众号。当下，手机已经成为大众生活中最重要的传播终端之一，而微信在大学生中的普及率在95%以上。高校可以通过建立思政微信公众号，开设“掌上党校”“理论前沿”“四个自信”等专栏，把前沿的正能量信息传递给大学生，拓宽思想引领的覆盖面，提高思想政治教育工作的实效性与针对性。

2. 建设基于新媒体环境的高校网络意见领袖队伍

一方面，高校要有意识地加强对思政工作者的培养，增强他们的思想道德修养，坚定他们的政治方向，增强他们的社会责任感，提升他们的职业技能，让他们成为高校思政工作中的“意见领袖”，成为大学生健康成长的指导者和引路人；另一方面，高校还要重视在大学生中选拔网络意见领袖。要关注校园论坛、校园博客、微博、QQ群、微信群等网络平台的动态，以学生干部、学生党员为依托，选拔一批思想上进、道德高尚、态度端正，并且有一定影响力的学生骨干，发挥他们的模范带头作用，使其成为学生中的网络意见领袖。网络意见领袖队伍要用“四个自信”理论引导大学生的思想和行为，形成正确的舆论导向。

3. 丰富网络思政工作平台中的资源

高校要组建由思政工作者和技术人员共同组成的专业队伍，共同开发、建设网络思想政治教育资源库，丰富网络思想政治教育的内容。思政教育内容要健康丰富、生动有趣，增强思想政治教育对大学生的吸引力，引起大学生的共鸣，促使学生将理论融入生活中，提高高校思想政治教育的成效。以广西国际商务职业技术学院为例，可以利用超星网络教学平台（“学习通”APP），实现“四个自信”教育过程中师生的交互式学习和交流。比如，把以“四个自信”为主题的教学微视频、微课件上传到网络教学平台供学生学习；开设“四个自信”专题线上课程，邀请校内外的专家、学者、企业界的精英等就当前一些社会热点问题与大学生进行互动和交流；利用网络教学平台组织大学生进行“四个自信”的专题讨论等，通过各种新颖、有特色的方法帮助大学生树立正确的三观。

第八节 新媒体环境下大学生网络思想政治教育的创新

随着信息技术的发展，新媒体呈现出新的时代特征。当前的新媒体环境对大学生网络思想政治教育既有积极影响，也有消极影响。这就需要思考如何创新大学生网络思想政治教育以充分发挥其积极影响，避免其消极影响。具体策略包括：用新时代中国特色社会主义思想指导高校网络思政教育工作；构建针对高校网络媒体平台管理的新媒体领袖机制和应急机制；建设具备新媒体素养的网络思政工作队伍；加强大学生网络道德教育，提升他们的媒介素养。

高校思想政治教育工作具有立德树人的重要功能。而随着网络新媒体的普及，高校网络思想政治教育工作的重要性越发突出，它直接决定着大学生群体网络空间状况的好坏。

简单来讲，大学生网络思想政治教育就是通过网络进行大学生思想政治教育。它是在互联网日益改变大学生的生活、学习、思维方式的情况下形成的，所以必然要将网络技术平台作为传播正确价值观、道德规范、政治观点等的载体，以平等、自由、交互的方式开展教育活动，从而实现有组织地对大学生进行思想政治教育，使他们成长为符合社会发展需要的人才。新媒体环境对大学生网络思想政治教育将产生很大的影响，这就需要高校思政工作者勇于分析新形势、新环境，不断创新大学生网络思想政治教育。

一、新媒体的内涵及其在大学生群体中的应用分析

准确把握新媒体的内涵，清楚认识新媒体在大学生群体中的运用特征，有利于我们深入全面地分析新媒体环境对大学生网络思想政治教育产生的影响。同时，这也是思考新媒体环境下如何创新大学生网络思想政治教育工作的前提和基础。

所谓新媒体，是相对于报刊、广播、电视等旧媒体而言的。当然人们对于新媒体和旧媒体的划分标准也不是固定不变的，会随着互联网和信息技术的进步而变化。所以，从长远来看，新媒体是一个不断随着时代发展而发展的概念，它的内涵必然也会随着时代进步而不断更新。

对于新媒体的内涵众多学者都进行了相应的界定和分析。其中，张建颖认为“新媒体是通过广泛运用数字技术，实现人际多向互动的新型传播方式和媒体形态”。张亮等则认为新媒体是指“在科学技术发展的推动下，信息传播领域通过广泛应用数字技术，实现由所有人面向所有人交互地传播信息的新兴媒体”。张朱博指出，“新媒体技术方面的数字化和传播方面的交互化使新媒体有了源源不绝的发展动力”。笔者认为，新媒体是当前社会以互联网为载体的一种最新的传播媒介，它的“新”主要体现在传播方式上。它利用数字技术和网络技术，通过互联网、手机、数字电视等传播多种可视化信息。在当下万物皆媒体的网络时代，新媒体就是人们所生活的环境。

相对于传统媒体而言，当前社会新媒体的主要表现形式为手机、网络、数字电视等。在大学生群体中，运用新媒体的主要形式就是手机和网络。每个大学生都拥有属于自己的手机媒体和网络媒体，他们热衷于运用这些新媒体来了解外部世界，同时展现自己的独特之处。比如，常常更新微博、朋友圈的状态及阅读时事新闻等，已经成为大学生日常生活中的一个组成部分。由于大学生对新媒体有着极大的热情，网络上新推出的各种应用软件往往成为大学生所喜欢尝试和运用的，这必然会对大学生产生影响。

第一，新媒体在大学生群体中具有较高的普及率。随着信息技术的更新，电子产品更新换代加速，其价格也比以往下降很多，满足了人们对于电子产品的需求。尤其是手机这

种电子产品，在大学生群体中已经得到普及。在此背景下，高校也常常通过新媒体来管理学生、发布信息、获得学生的反馈等。

第二，给大学生的日常生活、学习带来便利。网络新媒体的出现进一步拓宽了大学生了解外部信息和发布、共享信息的时空渠道。在大学生群体内部通常也会形成对比，比如谁能够更快速地掌握第一手信息资料并分享给大家，谁能够更快速地搜索大家所关注的社会热点或时事等，满足了大学生时时刻刻使用新媒体的需求。

第三，热衷于在网络媒体平台进行互动交流。新媒体本身就具有交互性的特点，是信息发布者或传播者与受众之间在网络平台进行交流互动的媒介，能够满足大学生群体在表达、娱乐等方面的需求。他们既可以成为信息的发布者、传播者，也可以是信息的接受者、获得者。他们可以通过新媒体随时随地去接触网络媒介信息，并进行一定的交流互动来展示自己。

二、新媒体环境对大学生网络思想政治教育产生的影响

信息技术的不断更新使得信息的载体也发生了巨大变化，新媒体正深刻地影响着人们的生活。“截至 2017 年 6 月，我国网民规模达到 7.51 亿，其中手机网民规模达 7.24 亿，占比高达 96.4%。”而新媒体更是成为 95 后大学生群体的“宠儿”，许多大学生几乎无时无刻不在抱着手机、平板等移动终端设备，这对大学生网络思想政治教育工作必然产生巨大的影响。

（一）新媒体环境对大学生网络思想政治教育的积极影响

新媒体所特有的互动性、即时性、工具性等特征为大学生网络思想政治教育工作新平台的构建带来便利。新媒体是集数字化技术、网络技术、移动终端设备等于一体的媒介平台，开展大学生网络思想政治教育可以通过运用这一平台对大学生的思想、行为等产生影响。在网络时代，人人都可以通过互联网平台展开互动交流，人人都可以成为网络信息的传播者和接受者，所以，大学生网络思想政治教育要特别注重构建与学生互动交流的网络社区或网络平台。只有这样，才能及时了解大学生的思想动态，并给予及时的教育和引导。比如，现在各个高校一般都建有易班网络平台、高校网络论坛等，为大学生群体之间以及师生之间的互动交流提供了很好的网络空间。

在当前无线网络日益发达的情况下，新媒体成为大学生了解外部世界的窗口，同时也给网络思想政治教育带来便利。新媒体突破时空限制融入大学生的日常生活学习中，那么网络思想政治教育亦能突破时空限制，让新媒体成为大学生网络思想政治教育的新载体。此外，还需要认识到新媒体本身是一种传播工具，所以在进行大学生网络思想政治教育过程中，要不断开发新媒体作为媒介工具的多种功能，通过多种渠道和方式来开展网络思想政治教育。

（二）新媒体环境对大学生网络思想政治教育的消极影响

新媒体的虚拟性、超时空、大众化等特征给大学生网络思想政治教育工作带来消极影响。说到底新媒体属于网络媒体，其虚拟性的特点隐藏了很多不为人知的秘密，容易导致网络道德危机甚至是违法犯罪行为。这就使得大学生网络思想政治教育面临极大的挑战，高校必须时刻高度关注大学生的网络思想动态。新媒体的超时空性使得大学生能够自由选择使用网络的时间和地点，在这方面他们拥有绝对的自主选择权。也正因如此，高校很难把握和监控到大学生真实的日常思想行为动态。同时，由于很多大学生越来越喜欢宅在寝室里，通过新媒体来做自己想做的事情，比如通过网络点餐、网购、学习、看新闻等，这就极大地减少了他们进行户外活动和与人面对面交流的机会和时间，这对大学生的身心健康发展极其不利。

在新媒体环境下，人人都可能成为新媒体内容的制造者和传播者。这种大众化的特点使新媒体受到大学生群体的青睐，所以几乎每个大学生都会参与到高校的网络社交活动中，并能够踊跃地参与媒体平台的互动交流。这就增加了网络思想政治教育的难度，很难做到对每个学生个体进行有针对性的网络思想政治教育。在新媒体环境下，每天都有包罗万象的信息内容，纷繁复杂、真假难辨，这就给正处于青春期的大学生带来极大困惑，甚至使其陷入一种思想困境，同时也弱化了高校网络思想政治教育的权威性。

三、新媒体环境下创新大学生网络思想政治教育的策略

习近平同志在党的十九大报告中指出，“要加强互联网内容建设，建立网络综合治理体系，营造清朗的网络空间”。尤其是在当前新媒体环境下，更需要为大学生营造一个清朗的网络空间。对于如今的95后大学生群体来说，他们从出生就开始面对互联网，对于网络技术、数字媒体等毫无陌生感，而且适应性极强，他们的这些特点正好满足了当前新媒体环境下高校网络思想政治教育不断创新的内在要求。所以，大学生网络思想政治教育需要不断适应当前社会信息技术高速发展的情况。当前新媒体环境下大学生网络思想政治教育创新需要结合新媒体本身的特点以及大学生运用新媒体表现出来的特点，尽可能地避免新媒体环境给网络思想政治教育带来消极影响。

（一）用新时代中国特色社会主义思想指导高校网络思政教育工作

新时代中国特色社会主义思想作为以习近平同志为核心的新一代中央领导集体的重大理论创新成果，是当前及今后指导我国各项工作的重要思想。在新媒体环境下，大学生网络思政教育的创新也必须以新时代中国特色社会主义思想为指导，把这一新思想全面贯彻到高校网络思政工作中。具体而言，就是要坚持社会主义核心价值体系在高校网络空间的绝对话语权和主导权，要让大学生每次运用新媒体的时候，都能感受到互联网对社会主义

核心价值体系的宣传广度、深度、力度。

实现新媒体环境下大学生网络思政教育的创新，离不开新时代中国特色社会主义思想的指导。用新时代中国特色社会主义思想占据高校网络空间，能够确保高校网络文化发展的社会主义方向，为大学生提供一个健康向上的网络文化环境。这就需要在大学生群体中，通过新媒体来大力宣扬社会主义核心价值体系，激励大学生积极培育和践行社会主义核心价值观。比如，可以专门建立一个有关“中华优秀传统文化问答”的网络有奖互动平台，让更多的大学生了解我国的优秀传统文化，积极主动地培育和践行社会主义核心价值观，从而树立文化自信；或者可以将社会主义核心价值观的内容制成一个链接与其他主流网站链接起来，学生只要点击相关的网站链接，有关社会主义核心价值观的网站就会先被打开，之后才跳转到原本的网站。

（二）构建针对高校网络媒体平台管理的新媒体领袖机制和应急机制

高校需要不断创新和完善校园内部的网络平台，吸引更多的大学生参与其所在高校网络平台的交流互动。通常高校为了让学生能够全面认识学校，都会建立一个专门的网络媒体平台，统一负责学校的信息发布工作。同时为了能够及时了解学生的思想行为动态，避免网络群体性事件的发生，高校需要在网络平台培养有威望的发言人，建立“新媒体领袖机制”。新媒体领袖的职责就是及时关注学生群体近期特别关注的问题和事件，并且能够在第一时间核实问题和事件的真实性，不给虚假信息以可乘之机。从根本上来讲，这里的新媒体领袖就是大学生网络思想政治教育的主要工作者。所以，高校网络平台的新媒体领袖还需要适时地宣扬正确的价值观，引导积极健康的网络舆论导向。

针对高校网络媒体平台管理除了需要建立新媒体领袖机制外，还需要建立相应的应急机制。新媒体所特有的开放性、虚拟化的特点，使得一些鱼龙混杂的信息在新媒体平台肆意流传，一些不良信息不可避免地会被学生看到。这会给大学生的价值观和心理健康造成一定困扰，也给大学生网络思想政治教育带来极大挑战。所以，高校需要建立网络新媒体应急机制，对校园内部的网络媒体进行严格把关，及时过滤和清除不良信息，并针对有可能发生网络群体事件的新媒体平台进行严格监控。此外，还需要针对新媒体突发事件制定出切实可行的应急方案，使得高校对网络媒体的突发事件有足够的应变能力和把控能力。

（三）建设具备新媒体素养的网络思想政治教育工作者队伍

高校的网络思想政治教育工作任务繁重，对思政教育工作队伍提出了更高的要求：不仅要具备专业化的思政教育素养，而且也必须具备网络新媒体素养。在当前新媒体环境下，尤其需要他们熟悉网络新媒体的特征，对相关专业技术能够熟练运用。此外，由于新媒体具有一定的时代性，所以网络思政教育需要不断与时俱进。这就需要高校建立常态化的网络思政教育工作队伍培养机制，实现新媒体环境下大学生网络思政教育的可持续发展。

在对网络思政教育工作队伍开展系统培训时，需要做到以下几点。第一，更新思想观念。大学生的“三观”状况直接受到高校思政工作者的政治素养状况的影响，所以首先必须提升他们的政治素养。第二，提升其新媒体信息技术水平。新媒体的更新换代速度很快，必须紧跟时代发展步伐，不断提升他们的新媒体信息技术水平，通过新媒体实现对大学生的网络思政教育。第三，培养沟通能力。网络思政教育主要是做人的工作，离不开与学生之间的沟通交流。实现有目的的沟通需要一定的技巧，所以需要对他们的沟通能力和网络人际交往能力开展科学培训。第四，培养综合素质。因为如今的网络思政工作呈现多元化、专业化发展趋势，这就要求他们必须全方位提升自己的素质，比如人际交往能力、创新能力等。

（四）加强大学生网络道德教育，提升他们的媒介素养

大学生的网络道德状况直接决定了高校网络空间环境，所以有必要加强大学生网络道德教育，让他们自觉避免新媒体环境带来的消极影响。一方面，需要着重培养学生在网络媒体环境下的是非辨别能力，对此，高校可以出台相应的大学生网络行为规范，或者通过宣讲来提升他们对媒体信息的鉴别能力；另一方面，要求学生能够将网络道德真正运用到实践中，自觉遵守相应的网络道德规范，远离网络语言暴力。

另外，在新媒体环境下创新大学生网络思政教育离不开对大学生媒介素养的提升。当前网络新媒体上的信息海量又多样，对于善于接受新鲜事物却缺乏一定辨别能力的大学生来讲，极易受到不良信息的影响，这对大学生的成长是极其不利的。所以，需要着重提升大学生的媒介素养。媒介素养指的是人们接触多种媒介信息时的一种选择、判断、辨析、创新能力。提升大学生的媒介素养，就是有针对性地加深大学生对媒介本身的认识和理解。一方面，由于部分大学生对媒介具有超强的认同性和依赖性，通常对媒介信息选择全盘接受，不具备一定的辨析和批判能力。这就需要让学生认识到媒介本身和媒介信息二者的不同，让他们看到媒体信息的良莠不齐，所以必须带着谨慎质疑的眼光来看待媒介信息；另一方面，还应该让学生意识到媒介信息所包含的不同价值观，需要他们有意识地去辨别和抵制错误价值观，自觉接受和宣传社会主义核心价值观。

第六章　基于新媒体环境的大学生思想政治的媒介素养教育

随着新媒体技术的迅猛发展，其自身属性难免会给校园精神文化环境带来一些新问题。因此，基于新媒体环境的媒介素养提升势在必行。媒介在服务于高校思想建设实践的同时，如何全面提升大学生思想政治教育主客体的媒介素养，有效地利用新媒体技术开展教育工作，已成为基于新媒体环境的大学生思想政治教育工作研究的新课题。本章主要阐述了基于新媒体环境的大学生思想政治的媒介素养教育问题。

第一节　基于新媒体环境的媒介素养提升的紧迫性

一、客观要求

（一）提升媒介素养是大学生思想政治教育功能的新拓展

1. 精神层面

基于新媒体环境的媒介素养，在调节社会精神生产和引导高校学生政治行为方面拓展了精神功能，以马克思主义和社会主义核心价值体系为根本指导思想是媒介素养教育的前提。尤其是在媒介信息混乱不堪、思想多元化的当代社会，引导高校学生用正确的眼光来看待新事物是必要的。除此之外，还需要保持高度的自觉性和警惕性，坚决抵制那些与马克思主义意识形态相悖的、隐藏于媒介信息之中的思想。坚守自己的信仰，保证其不被娱乐化媒介击垮。与此同时，大学生还需要以传播我国法律规范、道德观念以及社会主义政治思想来确定自己的政治方向，正确选择和对待媒介所传递的关于西方的意识和文化，积极和谐地参加社会政治生活。

2. 经济层面

基于新媒体环境的媒介素养，在促进社会经济发展、学生理性消费等方面拓展了经济功能。它在某种程度上为经济发展创造了和谐的社会环境，特别是那些利用媒介崛起的电子商务等。在高素质员工的管理下，媒体信息产业提高了自身的经济效益。除此之外，还促进了社会生产力的发展以及社会物质文明的建设等。良好的媒介素养教育教会大学生如何在色彩斑斓的广告宣传下进行正确的网络购物，不攀比、不盲目消费等。与此同时，在利用正确网络载体进行创业的过程中，还可以通过利用媒介商业信息来进行正确的投资，从而对社会经济的和谐发展起到间接推动作用。

3. 传播层面

在文化传播层面来看，媒介素养引导学生进行文化选择和交流等，在一定程度上拓展了文化功能。从某种角度来看，高校的思想政治教育过程就是伦理观念和政治文化的传播过程。由此便不难看出，在媒介文化形成的今天，媒介素养教育成了道德社会化和个体政治化的催化剂。

媒介素养教育使大学生通过媒介心理素质教育和媒介道德教育等方式来提高其媒介素养，最终形成一种与社会主义核心价值体系要求相符的思想道德品质。在当今这个以媒介文化为主导的社会环境中，教育学生接受主流文化，并在多样性的社会思潮中形成符合社会要求的网络文化、视觉文化等新型文化；并在该新兴文化形式中引导学生端正态度，积极参与融入文化发展中去，对媒介文化要具备批判和反思的态度，对低级趣味的文化采取过滤选择的态度，对文化本身进行重新构建，从而营造出一个健康、文明、诚信的文化环境。

（二）提升媒介素养是大学生思想政治教育价值的新彰显

1. 理论价值

由于我国对高校媒介素养教育的研究起步较晚，所以一直以来高校媒介素养教育的各个方面都还不够成熟，部分具体的实践问题成了该领域学术研究的一道屏障，考察调研资料的大量缺失直接导致了人们对我国高校媒介素养教育基本状况了解不多情况的出现。但从 21 世纪起，我国高校媒介素养教育的研究在一定程度上取得了较快发展，逐渐将之前该研究领域出现的屏障剔除，并填补了该研究领域的空白，为大学生思想政治教育的研究以及发展提供了新的途径和思路。把握住时代的脉搏，积极探索并掌握高校教师及学生的思想动态和行为规律，及时发现高校媒介素养教育目前所存在的问题，并找出相应的解决方法。不仅如此，媒介素养教育还使大学生思想政治教育内容变得更为丰富。由此不难看出，作为思想政治教育的新领域，媒介素养教育具有相当高的理论价值。

2. 实践价值

我国国家领导人、党中央以及国务院一向看重高校的思想政治教育，换言之，他们对于大学生思想政治教育工作过程中所出现的一系列问题也会给予高度重视。而媒介素养教育是目前思想政治教育中的一个崭新课题，且在我国大学生媒介素养教育的实际发展对策和方案等方面均得到了实践。

以我国上海的复旦大学为例，该校早在 2007 年上旬就成立了媒介素养小组，小组由本校的学生（志愿者）组成。他们建立了国内第一个媒介素养研究网站，在该网站上开设了国内首个“媒介素养研究专栏”，并在特定时间向国内以及国外相关学者发布媒介素养教育的最新研究成果；中国传媒大学紧随其后，于2009年建立了研究生媒介素养实践教学基地，这无疑为相关专家以及学者创造了有利的研究条件，为顺利开展大学生思想政治教育活动做了铺垫，充分体现出大学生思想政治教育在实践方面的价值。

（三）提升媒介素养是新媒体环境下高校思想政治教育的新主题

1. 媒介素养教育是大学生思想政治教育与时俱进的体现

随着社会经济、科技的不断发展，现代生活中的媒介文化环境也在发生着翻天覆地的变化。比如说，人们之前主要利用广播电视和报刊书籍类传统媒介作为获取信息的工具，而近些年来，人们逐渐开始并频繁使用手机、网络等新媒体文化工具来获取自己想要的信息。简单来讲，当代新媒体文化传播媒介平台已经取代了传统媒介，成功晋升为新时代文化传播的主角。

在这样一个新的环境背景下，高校的思想政治教育理念也应该随之做出一些改变，做到与时俱进，以便适应社会的需求。当然我们也可以理解为，媒体素养教育的发展是大学生思想政治教育与时代发展的体现。考虑到现有的社会文化以及当代媒介的巨大变化，高校应提高学生在当前媒介环境中的信息传播、使用水平和能力，根据现阶段的实际情况来展开媒介素养教育。

当代数字网络媒介具有这样一个十分显著的特点，即受教育者经历的高标准被解除。也就是说，当代数字媒介使人们摆脱了单纯语言文字的束缚进行交流，使人们以本能进行多渠道交流，就像回到了原始社会的自然状态一般。如此便捷、高效的多媒体技术和网络传播方式，使大多数大学生愿意将自己的想法以视频、图片、音频等方式通过电子媒介展现出来，比如微视频、动态图、网文等；且他们在进行表达以及交流的过程中是快乐的、主动的，尤其是得到交流同伴的认可时，更是有一种满足感由心而生。

一方面，媒介素养教育能够在一定程度上引导大学生正确理解和运用新媒介资源，并利用这些新媒介所具备的创新性和交互性将个人的才能充分展示出来，使受教育者能够在一种愉悦、自然的媒介活动环境中激发出自身的创造才能和动力，能够很自然地在交流中实现全面提高素质的目的。

另一方面，基于新媒体环境的信息传播形态更加多样化、传播速度更加迅速、传播内容更加丰富。尤其是一部分新型传播形态的崛起（微博、微信等），迅速受到了大学生的青睐，以至于他们与媒体的接触更为密切，依赖性更强。这种情况的出现，要求大学生思想政治教育工作做出相应的创新和完善。

由于人们受到先入为主以及长时间传统思想观念的影响，因此，出现在人们意识中的所谓的思想政治理论课，只包括政治教育、道德教育、思想教育和法制教育，并没有考虑加入一些新的教育内容。这种陈旧的观念与时代的发展趋势是不协调的，而且对思想政治教育实效的增强是极为不利的。所以，广大教育者应该解放自己的思想，适应时代的变化，根据实际情况来决定是否应该添加新的媒介素养教育内容，使媒介素养教育得到良好的发展。

2. 媒介素养是大学生思想政治教育主客体适应新媒体环境要求的必备素质

随着新媒体技术的迅速发展，媒介形态发生了翻天覆地的变化，电子媒介、互动媒介、网络媒介、印刷媒介等多元化形式几乎同时问世，并以空前的速度融入人们的生活之中，影响着人们的生活。

我们生活在一个由新媒体“拟态”的环境中，新媒体着实为人们带来了一场视觉、听觉盛宴，但同时也带来了诸多问题与挑战。因为适量的信息资源能够帮助人们了解当今社会，并能够更好地适应周围环境；但若是信息量爆棚，就会引起一些不良的后果。要知道，被多种媒介包围的人们同时面临信息匮乏和信息爆炸这两种负面效应。基于此，大学生思想政治教育主体与客体的媒介素养便有了用武之地，即具备对信息的理性思辨能力，使其不会在各类信息之中迷失方向。

由此不难看出，在新媒体环境下，大学生思想政治教育整体的必备素质是媒介素养。大学生思想政治教育整体素养的发展离不开媒介素养，但媒介素养需要后天的培养和学习才能拥有。所以说，在新媒体环境下提高媒介素养是十分紧迫的。

3. 媒介素养教育是大学生思想政治教育可持续发展的基础

从发展的角度来看，未来的社会将会是学习型社会，而“学习”是大学生素质得以不断发展的不竭源泉。信息全球化在未来社会中驱使着人们进行终身学习。终身学习能够使人们在一个较漫长的过程中发掘并发挥出自己的潜能，并使人们有权利、有意愿去获得他们所需要的全部知识与技能。

不可否认，当代以互联网为标志的大众媒介是塑造现代信息社会的重要力量。那么，身处于该媒介环境中的大学生应该怎样理性、主动地去学习、解读以及合理、正确利用媒介文化来不断提升自己的综合素质呢？采取加强大众媒体素养教育的措施已成为必要，学会学习自然成为一种新理念。

当代大学生作为一个知识水平较高的群体，必须不断充实自己，全面提高自身素质，才能始终跟上时代步伐，不被时代淘汰。而大学生不断充实自己、提高自身综合素质的基础就是提高自身的媒介素养。在新媒体教育的引导下，大学生具备了利用各类信息资源以及各种技术的能力。言外之意，要想使大学生顺利提高各方面素质，提高大学生在新媒体环境中的学习能力是一个有效途径，而且在此过程中还能推动素质教育向前迈进。

4. 媒介素养教育是大学生思想政治教育的新目标

通过对受教育者进行思想政治教育使其在行为上和思想上达到期望的效果，这便是思想政治教育的根本目标。那么，大学生思想政治教育的主要目标是什么呢？其主要以思想道德建设为基础，着眼于大学生的实际需求，使大学生的方方面面都能有所提高，特别是大学生的思想道德水平，最终使其成为中国特色社会主义的合格接班人和建设者。

但值得注意的是，随着科技的飞速发展，随之而来的新媒体媒介已悄无声息地成了人们生活、学习、工作中的必需品。大学生在通过新媒介获取一些所需信息时，其思想观念和价值取向都受到了不同程度的影响，媒介素养教育被视为当前思想政治教育的新要求和新目标。

（四）提升媒介素养是增强新媒体环境的大学生思想政治教育有效性的新举措

从宏观上来看，当代大学生思想政治状况的总体趋势是不错的，即健康的、积极的。但是，我们也必须看到在市场经济和对外开放发展条件下大学生的成长环境变得越发复杂。目前，新媒体技术的迅速发展和普及，无疑给大学生的学习、生活以及思维方式带来了巨大的影响。尤其是近些年迅速兴起的手机、互联网等交流、传播媒介及平台，它们自身具备交互性强、传播分散点多以及流量大、管理较为复杂等特点，给大学生学习、交往和娱乐开辟了新的手段和途径。这些媒介可谓是把双刃剑，对大学生既有正面影响，又有负面影响。正面影响会使学生积极向上，负面影响则会导致不好的结果。有些大学生甚至存在政治信仰动摇、社会责任感缺失以及价值观扭曲等问题，因此，需要对其进行较为具体的精神引领以及正确的人生指导。由此可见，大学生媒介素养教育已迫在眉睫。

二、内在需要

（一）加强媒介素养教育是减少新媒体负面影响的需要

1. 对受众生理健康的影响

过度的噪声和强光对听觉、视觉感官的刺激及电磁方面的污染会诱发多种疾病。据相关调查统计，目前被认定与新媒体有关的疾病有50余种，比如厌食症、孤独症、近视、痉挛、睡眠障碍等。长时间沉湎于网络中的大学生往往有听力和视力降低、体能下降、缺乏求知欲和耐心等问题。

2. 消极价值观念侵蚀精神家园

从非理性发展来看，部分大学生对新媒介的依赖程度极高，他们甚至认为媒介就是权威。但在大众媒介作品之中，我们不能保证每一件作品都不具有唯利是图、享乐主义、拜金主义等诸如此类的消极价值观念，而具有这种消极价值观念的作品，它们会悄无声息地侵蚀大学生脆弱的精神家园。比如在市场中，常常会出现一部分带有消极示范的广告，这些示范往往使人们的正常心态变得扭曲，长此以往，便会导致各种不良社会行为的出现。新媒介凭借其特有的“欲望的模仿”机制重塑社会消费行为，引领社会时尚。而社会消费又制约和影响着大学生的个人消费观，导致出现高消费、互相攀比乃至超前消费等倾向，从而带来一系列社会问题。

3. 导致发达国家形成文化霸权

发达国家利用媒介对第三世界国家进行较为全面的文化渗透、文化支配和意识形态的潜移默化影响，是文化帝国主义的实质所在。在当今社会信息爆炸式递增的传播环境背景下，信息传播的主体是拥有先进技术的信息传播者，而传播技术相对落后的国家或民族则被动地成为信息传播弱势群体。这种差异造成了强势文化对弱势文化的渗透与侵略，迫使弱势文化不得不接受或许不适合本民族、本国文化传统生存与发展需要的文化形态和生活方式，导致发达国家形成文化霸权，出现文化的不平等与差异的扩大化局面。

4. 暴力、色情信息对社会的危害

近些年来，世界各国间的媒介竞争不断升温加剧，为了获得较高的收视率，商家就要想办法来激起观众的消费欲望。如此一来，包含暴力以及色情信息的媒介作品便成了大众媒介的附属品。这对部分意志薄弱的大学生而言无疑是一个巨大的陷阱，甚至有一部分大学生因为模仿媒介中的暴力行为而走上犯罪的道路。

（二）加强媒介素养教育是满足大学生心理需求的需要

1. 休闲娱乐需求

休闲娱乐是人类用来释放压力、放松心情的一种方式，这种方式凌驾于生存和安全等基本生理需求之上，是一种精神需求。高校大学生正处于一个较为特殊的时期，他们刚刚结束了枯燥和压力相对较大的高考阶段，同时也刚刚脱离了父母，此时的生存和安全压力不会太大，因此会对娱乐需求产生更加强烈的欲望。

2. 心理交往需求

在马斯洛（美国社会心理学家）的层级需求理论中，其对交往需求是这样定义的，即从生理向心理深入的需要形式。

高校大学生有来自好奇心和所处生长环境的压力，这种压力促使他们对外部世界充满无限的遐想和渴望，他们希望通过自己的努力得到他人的认同与关爱。而互联网在表面上恰恰为大学生提供了一个这样的虚拟平台；不需要与人面对面，只需要一台电脑、少量的经济支出，他们就可以与电脑中的“朋友”进行自由的交流。又因为网络具备隐匿性和虚拟性，所以不必担心自己的真实信息被暴露，这使大学生更加大胆地进行交流。这也是大学生喜欢上网的原因之一。

3. 自由和逃避需求

现实生活中，由于学业和就业压力较大，部分学生会感到约束感、身心疲惫，于是便会选择用上网的方式来逃避一些压力或问题。比如，当他们在同学那儿受到委屈或是受到他人批评的时候，就很有可能去网吧，通过聊天或是打游戏的方式使自己的情绪得到宣泄。

4. 成就和自我价值实现需求

个体尊重需求是成就需求的源头。通常情况下，人们大都希望得到他人的认可和尊重，并希望获得他人对自己能力的肯定。这种尊重需求得到满足后，会使人充满实现自身价值的强烈喜悦感。

大学生对自我价值的实现充满了渴望，但在日常生活中，往往需要付出很多，才能实现自我价值。换言之，与虚拟的网络世界相比，现实中想要实现自我价值，要比在网络世界中更难一些，所以才会有部分学生到网络游戏世界中寻求精神上的满足感。

（三）加强媒介素养教育是有效适应新媒体环境的多元文化的需要

全球化时代的到来，意味着各国之间的联系更加密切，而这种密切联系使各国之间的文化产生了一系列融合与碰撞。说起文化，当今世界文化的主要特征是多元化，而文化的多元化发展趋势对世界各国的社会生活、政治、经济都产生了巨大的影响，甚至会影响到未来社会的发展。因为文化多元化虽然加速了不同文化之间的相互交融，但同时也带来了彼此的激荡与冲突。全球文化通过各种渠道进行引入和输出，但事实证明，利用媒介发布信息是各种渠道中最为便捷的一个。

随着世界各国之间文化的剧烈碰撞，西方的文化正试图通过媒介对发展中国家实施进一步的“文化侵略”。这种“文化侵略”对于尚不成熟的大学生而言是极其可怕的，虽然在某种意义上它能够让大学生增长见识与知识，但同时也会侵蚀大学生的价值观、道德观以及思想意识。部分大学生因盲目崇拜西方文化，从而使自身价值观受到了西方意识形态的消极影响。

然而，媒介素养教育的实施就是抵御文化侵略的最好武器，它能帮助大学生正确对待、分析媒体传播的各种信息、去伪存真。不仅如此，它还能将中国的优秀文化顺利传播出去。

第二节　我国高校媒介素养教育的现状分析

一、我国大学生媒介素养状况

（一）接触行为

2018 年 3 ～ 6 月，武汉大学分别对成都、上海、北京、西安、武汉五个城市高校的学生媒介素养状况进行了调查。该调查结果显示，大学生是电视、广播、杂志、报纸、互联网五类大众传媒的消费群体。在这五类传媒中，互联网是大学生每天接触时间最长的，之后是电视、杂志、报纸，最后是广播。

武汉大学在此基础上又做了进一步的调查，其结果令人叹为观止。在报纸传媒中，都市类报纸是大学生接触最多的，其次是晚报类报纸；经常收看中央电视台的大学生比例为 4.7%；经常登录“综合门户网站”的大学生占被调查总人数的 63.7%，远高于新闻网站的 19.1%。由此可见，大学生上网不只是为了获取新闻资讯，也是为了满足其获取信息、娱乐休闲、发表意见等多种需求。其中大学生上网从事最多的活动是创作并发布帖子。

相关部门在近几年间对全国高校进行了一次问卷调查，其结果显示，大学生接触最多的媒介是电脑，之后依次是电视、报刊和广播。对大学生媒介使用时间的调查结果显示，大多数学生的媒介使用时间在 0.5 ～ 3 小时之间，比例为 75.6%；3 ～ 5 小时之间的比例为 19.6%；5 小时以上的比例为 5.9%。对于报纸的接触，坚持每天看报纸的仅占 6.7%；而选择 2 ～ 3 天看一次的为 42.1%；选择一周以上才看一次的为 46.3%；另外，还有 8.9% 的学生从未看过报纸。

2018 年 10 ～ 12 月，南京师范大学对江苏省大学生的媒介素养现状调查结果显示，江苏大学生每天花在报纸杂志上的时间为 45 分钟，广播 36 分钟、电视 98 分钟、互联网 130 分钟。在四种媒介中，受大学生喜欢程度最高的是互联网，最低的是广播。从以上调查结果我们可以发现，大学生每天接触报纸和广播的时间较之前少了许多，而对网络的接触时间则呈现出明显的递增趋势。就目前而言，虽然报纸和电视依旧是大学生接触较多的媒介，但我们也不能忽视网络给大学生带来的影响。怎样引导大学生正确、有效地使用网络媒体是我们接下来需要注意的问题。

（二）接触动机

人们会因为自己的目的而有选择性地接触媒介。由于每个人的性格喜好不同、工作职务不同、年龄差异等，因此他们的目的不同，接触媒介的动机也有所不同。不同的目的驱使着受众选择自己所需的媒介，之后二者间便逐渐形成一定的依赖关系。

受众接触媒介的动机和目的成为考察受众媒介素养，衡量受众能否有建设性地、有效地利用媒介资源以促进自我发展的重要因素。

（三）媒介认知

高校媒介素养的核心是对大众媒介的认知。大众媒介的信息传播在自然条件下形成了一个“拟态环境”，可以说，它的影响是具有社会性和广泛性的。它对大学生的社会化影响是其影响中最为突出的表现。除此之外，大众传媒与学校、公共意见、同辈群体和家庭，共同被认为是影响个人社会化进程的最重要的五个因素。大众传媒可以对社会舆论施以控制，并在此基础上引导受众群体的态度。与此同时，它还能渗透到个体思维、行动和社会心理之中，这对于大学生而言是十分重要的。

就目前媒介业所存在的问题而言，大学生也持有自己的观点。据相关调查显示，在被调查的大学生中，有 13.5% 的人认为“国内新闻信息量相对匮乏”；16.8% 的人认为“新闻视角老套”；有 12.7% 的人认为“国际新闻信息量不足”等。

通过此项调查不难发现，新闻信息量不足已经成为当前媒体在满足大学生需求方面存在的最大问题。在他们看来，最不满意的报道居前三名的分别是国内新闻（15.9%）、国际新闻（14.7%）和本地新闻（12%），他们对经济新闻、流行时尚、名人访谈等类型的报道的满意度相对较高。

二、我国高校媒介素养教育存在的主要问题

（一）缺乏对媒介素养教育的宏观认识

随着信息技术的不断发展，当代大学生的综合素养也有了不小的提高，而且对媒介素养也已经有了一定的认知，比如对大众传媒的内容、范畴、商业属性等都有一定了解。而且大部分学生能够意识到媒介是反映生活和文化的一种载体，媒介对观点、思维以及知识结构都有一定的影响。

但这并不意味着大学生对媒介已经具备了较强的判断力和高度的警惕性，他们往往会在媒介中受到价值观等较深层次方面的影响。尤其是当大学生接触海量信息时，他们无法对媒介传播的信息以及传播方式进行正确分析与评价，只是被动接受这些信息，因此，很容易受到误导或是不良影响。

然而，对于媒介素养教育课程的开设，一类学生表现出十分认真积极的态度。但这种态度也只是对自己感兴趣的部分而已，该类学生明显对媒介素养教育没有宏观上的认知，同时也没有认识到公民素养其实是包括媒介素养的。另一类学生则对媒介素养教育不抱有任何兴趣，他们即便是学习媒介素养教育课程，也只是为了不挂科而已，对其内容并不是

很关注。

由于对媒介素养重要性的认识不足，因此学生对这种课程的学习态度不认真，收获不大，学生的重视程度在某种程度上影响了教师的授课态度。由此形成了这种课程实施过程中的恶性循环，最终出现我国媒介素养教育的实施效果不好的现状。

（二）对不良信息的筛选能力较差

从深层次来讲，观点言论和新闻报道有着天壤之别，可以说，它们是两种完全不同的信息形式，各自都有属于自己的特征。新闻报道的最终目的是及时且客观地向受众阐述发生的事件，可以说，客观性是其根本特点。与之不同的评论观点则表达了读者对发生的某件事的看法，其基本特征是表明评论者的立场，也就是说它具有极强的主观性。

随着市场竞争的加剧，为了达到宣传产品的目的，一些厂商会利用视觉、听觉等夸大产品的效果，甚至添加虚假信息。加之现代的新闻经常会把新闻报道和观点言论两种信息形式结合在一起，很容易使受众产生混淆，从而被广告宣传或是某个人的观点影响到自己对事物的判断。如果他们没有一定的甄别不良信息的能力，很容易被误导，做出不合理的消费行为或是其他不良行为，损害自己的利益。

（三）网络道德和法律意识比较淡薄

据相关调查数据统计，我国大多数学生对网络道德规范认知比较模糊。除此之外，对网络知识产权、网络安全等方面知识的了解更是微乎其微。虽然近几年大学生对版权问题以及网络违规等方面的内容有所了解，但由于网络媒介自身具有匿名属性，致使部分学生缺少自律和自控能力。加之在媒介融合过程中出现的竞争，致使信息开始变得娱乐化、商业化、低俗化，一些极具诱惑力且不良的信息直接刺激着大学生的享乐欲和占有欲，所以往往会出现一些违反网络道德甚至是法律法规的情况。

三、我国高校媒介素养教育缺失的原因分析

（一）媒介素养教育滞后

1. 对媒介素养认识不清或者认识的程度不够

就目前而言，我国大多数高校都没有开设媒介素养教育课程，只有个别高校有开设。而这些开设媒介素养教育课程的学校，大多都只针对专业学生。因此，大部分高校的学生都没有受过该方面较为系统的、专业的媒介素养教育，他们并不了解什么是媒介、媒介的特点以及性质是什么，缺乏对媒介素养教育必要性的理性认知。因此，大学生很难在受到信息化巨浪冲击时做出理性、正确的判断。

2. 许多大学生不愿意接受媒介素养教育

部分学生对媒介素养教育的重要性是持肯定态度的，但这并不意味着他们会主动地去学习。而且，他们通常觉得自己没有学习媒介素养的必要。我们来剖析一下该类学生的想法，他们往往会觉得自己已经拥有了媒介知识，且这些知识已经足以用来面对铺天盖地的大量信息。所以，大多数学生都不会积极主动去学习媒介素养，即便他们知道它的重要性。

除此之外，还有一个较为主要的原因，即大学生的个人表现欲望比较强烈，而新媒体能够为他们提供表现自己的平台，所以他们开始追求虚拟性表现。久而久之，该欲望就会不断增强，导致了他们的现实人际关系出现危机，过度的自我膨胀使他们认为自己没有专门学习媒介素养的需要。

（二）教育保障体系不健全

1. 相关部门投资不足

造成大学生媒介素养教育资源不足的主要原因在于资金投入不足、政府政策扶持不够、教育部门管理缺席。到目前为止，国家仍旧没有将相应的资金用到媒介素养教育的各项工作中，即媒介教育设备、媒介教育教材、师资培训等。

2. 教育专门机构设置欠缺

没有专门的教育机构作为坚实的后盾，教育便不能顺利开展。专门的教育机构是大学生媒介素养教育体制化、规范化、常态化的有力保障，同时也是教学质量的保证。但就目前而言，我国政府并没有设立专门的教育机构对大学生媒介素养教育实施宏观管理。而且我国的各人高校也没有设立专门的教学机构对大学生开展具体的媒介素养教育。也就是说，我国目前的高校媒介素养教育实践还处于无序、零散、缺少基础支撑的状态。

3. 教育环境保障不力

由于我国媒介素养教育还处于刚刚起步阶段，因此，相关部门对媒介管理的疏漏及责任的逃避造成了教育保障的缺失。这直接导致了大学生媒介素养教育环境的恶化和其外在动力的不足，使媒介素养教育陷入困境。

由此可见，分别从技术和法律两个方面加强对媒介的环境管理，对传媒环境加以净化，从质量和数量上加强大学生媒体学习资源建设，是确保大学生媒介素养教育有效性的重要外在条件。

（三）培育大学生媒介素养的教育者总体缺位

1. 能够进行相关知识教学的师资力量严重不足

目前，我国高校的媒介素养教育教师是颇为欠缺的，即便个别高校有该类教师，也并非专业性教师，大多是凭借自己的兴趣爱好或是热情来充当媒介素养教师的。很明显，这种情况与现如今飞速发展的媒介社会是不协调的。而且，澳大利亚从 1973 年就已经开始开设单独的媒介素养课程了，且当时主要是针对 8 年级到 12 年级的学生。目前我国高校教育者自身的专业素养和实践水平不足，完全不能适应当前大学生媒介素养教育的迫切性需要。

2. 我国还没有统一的媒介素养教育课程标准

我国目前并没有针对媒介素养教育的教材，更不用说与之相关的辅导书，更是少之又少。

借鉴国外经验来看，澳大利亚政府积极举办全国性教师媒介素养教育培训活动，并规定每隔一段时间都要由各个州的成员轮流组织并主持一次全国性会议，在会议上对媒介素养教育中的各种问题进行研究、探讨以及交流相关经验。英国也设立了全国性质的媒介素养教育工作小组，并定期到各个大学进行媒介素养教育教师培训。

3. 大多数高校对媒介素养教育的重要性认识不足

我国现阶段的媒介素养教育内容比较单一且不够深入，只有个别大学开设了媒介素养教育课程。造成这种情况的原因，有很大一部分是高校没有从思想政治的角度给予重视。且不说没有开设此课程的高校居多，即便是那些开设媒介素养教育课程的高校，其授课形式以及内容也过于简单，大多是给学生提供一套评判准则，让他们自己进行分析，然后进行对号入座式的选择。但是，由于大学生没有对媒介素养进行较为深入的了解，再加上个人经验不足，往往会出现判断偏差。这也是大学生媒介素养教育缺失的重要原因。

第三节　国外高校媒介素养教育的经验与启示

一、国外高校媒介素养教育的经验

（一）加拿大

加拿大，一个地处于北美洲的大国，可谓是一个媒介素养教育普及的国家。早在 1999 年，加拿大各省便开设了独立的媒介素养教育课程；与此同时，还建立了诸多相关研究机构，并定期举办一些学术研讨会和交流会。

通过跨学科来实现媒介素养教学是加拿大媒介素养教育的主要特点。换言之，就是将媒介教育理念与学校课程理念相结合。

目前，媒介素养教育已经被加拿大各省整合成学校语言课程的一部分，也就是说，他们将媒介素养教育整合成了学校核心课程的一部分。除此之外，他们还试图，并已经开始尝试将部分媒介相关内容与其他学科课程进行融合。

（二）美国

美国目前的媒介素养教育内容，已经被融入学校的教学大纲之中。较强的针对性和系统性是其在课程设计上的特点。其主要表现为，将媒介素养教育的主题和内容进行了划分，划分依据是学生的年龄段，即“儿童时期—初中时期—高中时期—成人时期”四个阶段。

儿童阶段。该阶段主要针对幼儿和小学生。主要对他们区分媒体与现实的能力进行培养，使他们了解各种媒体之间有何区别，并能对自己的媒介使用情况进行初步的管理。

初中阶段。该阶段主要对学生直接分辨、评价媒体中与他们相关的内容给予适宜的帮助，使他们能够驱除一些由媒体所带来的恐惧，使他们的身心能够健康成长。

高中阶段。该阶段的侧重点在于对学生批判性解读与应用媒体能力的培养。

在教育内容上也进行了适当的扩充，使学生既能看到媒体信息背后的真正意识形态，又能够懂得如何正确管理和评估个人媒介行为，学习如何利用媒体促进个人的成长和进步。

成人阶段。该阶段与之前的三个阶段相比较为特殊，其属于媒介素养教育的最后一个阶段。从时间上来看，该阶段是一个较长的教育阶段，属于终身教育。它要求人们能够站在宏观角度去看待和考虑整个媒介的生态环境，即从政治、经济、法律、社会、文化、意识形态多重维度展开对传媒产业的分析。除此之外，美国在该阶段还设置了让学生自己学习和参与制作传媒产品的课程。

（三）日本

日本的媒介素养教育始于20世纪60年代，可以算是整个亚洲开展该教育最早的国家。起初，日本先是在国内学校试行了一段时间的“屏幕教育”，其内容主要围绕电影评析和电视评析等。其最主要的目的在于帮助儿童了解大众传播的现状和特性等，使他们能够对大众传播树立正确的态度。

直至20世纪70年代中期，日本又相继开展了类似“儿童与公民电视论坛”的民间团体活动，并通过举办该类活动对媒介素养教育展开推广。除此之外，还为国内从事相关教育和研究的人士提供了加拿大安大略省实施的《媒介素养教育方法指南》日文版资料，以便于其作为参考资料进行研究。

20世纪80年代以后，随着游戏机、电视、漫画的迅速发展，青少年接触报纸、书籍等相关文字媒体的频率降低。随之而来的便是青少年阅读能力下降，不仅如此，报纸行业还面临失去未来读者的危机。对此情况的出现，日本报业协会决定主动出击，在学校教育中推行“NE”运动，力图提高报纸在青少年中的影响力。但由于种种原因，该运动并没有收到理想的效果。

日本在部分地区的高中实施了“媒介识读工程”，该工程主要针对一些对媒介感兴趣的人。为使学生的综合素质得到提高，日本在中小学开始增设“综合学习课”，教学内容由任课教师自主决定，部分教师会选择媒介素养课程来进行简要讲解。

二、国外高校媒介素养教育的启示

（一）政府应在高校媒介素养教育中有所作为

通过对国外高校开展媒介素养教育的经验进行分析得出，政府的支持是确保高校媒介素养教育能够顺利进行的前提条件。从加拿大、美国等国家的做法来看，政府应积极将媒介素养教育纳入高校教学体系当中，并使其成为高校素质教育内容中的一个重要组成部分。

政府应制定和不断完善相关法律法规，努力为高校媒介素养教育创造一个良好的社会环境。教育部门应主动并积极编写适合我国现阶段媒介素养教育的教科书和其他相关教材，并定期举办教师培训活动。

（二）加强高校媒介素养教育的师资队伍建设

通过对国外一些发达国家所开展的媒介素养教育的经验进行分析得出，政府是开展媒介素养教育的坚实后盾，而教师在高校媒介素养教育中起着主导作用。因此，加强媒介素养教育的师资队伍建设是十分重要的。同时，提升教师的媒介素养也是至关重要的，因为只有教师具备了专业的媒介知识，才能更好地教授给学生。

高校可以通过观摩交流、课题研究、研讨会、借鉴国外经验等多种形式进行媒介素养教师培训，促进教师媒介素养和教学能力的发展，培养符合高校需要的媒介素养教师。

（三）重视对高校媒介素养教育的理论研究和本土化探索

虽然我们需要去借鉴一些国外高校媒介素养教育方面的成功经验，但我们也需要考虑到我国高校现阶段各方面的具体情况，以及与国外高校之间存在的各种差异。

比如，国外一些国家大多都是从小学开始进行媒介素养方面的教育的，但是我国小学并没有开设这样的课程，由此，我国大学生在进入大学之前都没有接触媒介素养教育方面的知识。因此，在借鉴外国成功经验的同时，还需要将起点差异问题列入考虑范围内。

除此之外，还需要将发达国家在传媒技术方面的成熟度以及传媒环境的发展与我国之间的差异等作为考虑因素。

只有将上述因素与我国高校发展现状相结合，找到适合我国高校媒介素养教育的方式、方法，才能使属于我国高校的媒介素养教育顺利开展并持续发展下去。

第四节　基于新媒体环境的大学生思想政治教育主客体媒介素养的培养途径

一、构建完备科学的媒介素养教育工作机制

（一）要建立健全高校各部门之间的协调工作制度

高校需要对媒介素养教育加以重视，并在此基础上把它作为一个“育人工程”来对待。由高校领导牵头，建立起一个集教务处、宣传部、团委、学工处等各部门于一体的工作领导小组，统一计划、布置、实施相关工作，将媒介素养教育充分融入思想政治教育之中。

除此之外，高校应配备专门人员，并准备充足的教学经费，保证在教学过程中能够提供充足的人力、物力和财力，使媒介素养教育能够顺利进行。相关工作人员在对该教学内容进行充分调研之后，根据学生各方面的实际情况做好各项细节工作。建立并不断完善媒介素养教育保障机制，结合高校以及学生的各方面实际情况制定相关制度。保证媒介素养教育有计划地展开并进行，定期对该计划进行检查和评估。

（二）要建立系统、完善的媒介素养教育体系

高校媒介素养教育是一项较为复杂的系统化工程，因此，需要将社会各界的教育资源进行有效的整合，并在此基础上建立一个健全的教育机制，争取构建一个集家庭、高校、社会以及大学生个人于一体的教育体系，将教育力量发挥到极致。

在高校开展大学生媒介素养教育的同时，社会和家庭也在大学生媒介素养教育中发挥不可估量的作用。良好的媒介环境可对学生进行正面的引导和影响，使之养成积极、乐观、向上的生活态度，塑造健全的人格。家长是孩子的启蒙老师，家庭对学生的媒介素养教育有着很大的影响。而高校则要关注学生媒介素养的培养，勤与家长沟通，营造一个良好的媒介环境，促进大学生的健康发展。

（三）相关教育部门应重视培养大学生的媒介素养

1. 设立相关教育机构

加强对高校大学生媒介素养的培养是我国教育部门需要重视的工作。多设立一些媒介教育机构，争取使我国国民的整体媒介素养得到提高，大力宣传媒介素养理论知识，制订并完善适合高校大学生媒介素养教育的实施计划。

2. 加大对媒介素养教育的投资力度

国家相关部门应加大对媒介素养教育的资金投入力度，以此来加强相关设备建设，以及促进师资队伍水平的提高。为大学生媒介素养教育工作创造良好的外部环境和各项条件，以确保媒介素养教育工作的顺利进行。

3. 开展专家级相关活动

积极地组织各专家、学者进行关于媒介素养教育的深入研究，增强与相关学科之间的交流，充分发挥媒体的教育和文化引导作用。

二、提高高校思政教育工作者的媒介素养

（一）要加强媒介素养教育师资队伍培训

因急于培养出大量符合岗位需求的教师，并在短时间内组建一支优质的师资队伍，所以创新师资培养的方式显得格外重要。

一方面，把需要培训的教师选送出去，对他们采取封闭式岗位进修、培训方式，并把这种培训作为促进教师专业发展的一部分；另一方面，每年都对他们进行一次集中培训，并将其纳入相关的岗位考核标准中。同时将该方法转变成一种常态化、制度化的机制，借此使教师的教学理念得到及时更新。

（二）要将专业教育与继续教育相结合

通过采取专业教育与继续教育相结合的方式，培育媒介素养教育师资力量。专业化的师资队伍是媒介素养教育的实施主体，其来源主要是新闻传播院校。我国的新闻传播高等教育基本沿袭美国的教育模式，注重职业化和专业化教育，这为专业化的媒介素养教育师资队伍培育提供了条件。媒介素养教育是针对社会公众的全民性教育，具有鲜明的多层次性、广泛性特点。因此，各层次教育工作者的“全员参与”是实施和推广媒介素养教育的必要条件。新闻传播院校在培养专门师资的同时，还应承担进行媒介素养继续教育、提升各层次教育工作者，特别是中小学教师媒介素养教育专业素质的职责，为形成“全员参与”“全员教育”的格局提供师资条件。

（三）要有针对性地构建高校教师媒介素养教育内容体系

1. 培养大学教师多层次的媒介素养能力

大学教师除了需要对媒介的概念、功能、属性以及使用方法等相关基础性知识进行充分的了解和掌握之外，还需要掌握自身在教育活动中使用较为频繁的基础媒介工具的使用方法。

事物都是具有双面性的，媒介的作用也不例外。因此，需要用适度批判的眼光去看待运用于教学活动过程中的媒介的作用。另外，还要正确认识人与媒介之间主导地位和主动性的区别。

2. 提高大学教师的媒介意识和认知能力

提高教师的媒介意识指提高教师对媒介的特点、作用、性质的敏感度。提高教师的媒介认知能力，指的是将媒介所拥有的创造拟态现实的功能以及其他正面功能进行认知度方面的提高。

（四）要提高大学生思想政治教育工作者的媒介素养

新媒体时代的到来对于教师而言无疑是一个巨大的挑战。教师不但要对所教授课程的内容加以掌握，还需要懂得一些基本的网络技术。因此，加强大学生思想政治教育队伍建设是必然的，也是必需的。大学生思想政治教育者需要适应时代的需求，深入了解大众传媒内容的生产流程和传播特点，尽快掌握一些常用的网络技能，提高自己对媒介信息的评估能力与判断力；并适时掌握一些网络话语，做到不断提升自己的媒介素养。

第七章　基于新媒体环境的大学生思想政治教育的实践探究

第一节　基于新媒体环境的大学生生命教育

一、认识生命教育

1968年，美国著名的演讲家、作家与人生导师杰·唐纳·华特士针对青少年吸毒、自杀、他杀、性危害等犯罪高发现象，承袭印度瑜伽大师雪莉·阿南达·摹提吉的精神，出版了《生命教育》一书，探讨必须关注人的生长发育与生命健康的教育真谛。

生命教育在20世纪80年代逐步推行开来。到了20世纪90年代，美国、澳大利亚、英国、新西兰等国家和我国的香港、台湾地区开始竭力倡导生命教育，生命教育开始大规模、系统地展开。进入21世纪，生命教育已成为遍及全球的教育内容。生命教育在一些国家和地区是在小学或中学进行，也有一些国家和地区是在高中或大学实行，各国家或地区因实际情况而异。

生命教育的内容包括：第一，生存意识教育。正确理解生命、生存和生活的内涵，也就是尊重生命、珍惜生命的教育，具体又包括生命安全教育、生活态度教育以及死亡体验教育。第二，生存能力教育，主要在于对环境的适应能力、抗挫能力以及安全防范和自救能力的提高。第三，生命价值升华教育。要重视引导大学生端正人生态度，认真生活，快乐学习和工作，还要注重大学生的审美教育，让大学生在审美的过程中体验人生的价值和意义。

在20世纪90年代，随着我国素质教育的全面实施，以人为本和尊重、关心、理解、信任、发展人的个性已经形成共识，实际上，生命教育在我国就此提上了思想政治教育日程。2004年，党中央、国务院针对加强青少年思想道德建设、开展青少年生命教育提出了明确要求，先后出台了8号文件和16号文件，做出了全面性战略部署，号召要把生命教育作为思想道德建设的重要载体，科学有效地实施生命教育活动，并将生命教育纳入全民素质教育内容中。从2006年至2009年，连续几年，全国人大代表在全国人大会议上提出预防自杀、生命教育的相关议案或建议。在各级党和政府特别是教育部门的重视下，各种以促进青少年生命健康成长为主题的活动轰轰烈烈地开展，并取得了可喜的成绩。上海、辽宁、江苏、四川、山东、黑龙江、吉林等省市富有创造性地开展了生命教育科研、教学实践、教材编制、教学大纲试行等活动。我国生命教育已经形成了政府主导、民间参与、社会各界积极配合的教育体系。

生命教育属于思想政治教育的范畴，然而，在我国基于新媒体环境的高校思想政治教育工作中，它却一直是一个盲区。随着我国市场经济体制的建立和迅猛发展，近些年来，大学生在学习、就业、情感、人际关系等方面出现了众多问题，犯罪、自杀现象时有发生并有上升趋势，大学生心理问题日渐凸显，引起人们对生命教育的重视。那么，如何有效地在大学生中开展生命教育呢？它既是落实以人为本的科学发展观和构建社会主义和谐社会的必然要求，也是学校教育特别是基于新媒体环境的高校思想政治教育的一项崭新课题。在高校大学生中开展生命教育，其内涵是帮助大学生认识生命、尊重生命、欣赏生命、珍惜生命，探索与认识生命的意义，尊重和珍惜生命的价值，热爱与发展每个人独特的生命，提高生命质量，创造生命价值，并将自己的生命融入社会主义现代化建设事业之中。

二、基于新媒体环境的大学生生命教育的实施措施

（一）建立学校、家庭沟通联系制度，为大学生创造良好的生命教育环境

新生入学时，学校应建立与家庭沟通联系制度，及时了解学生家庭情况和上学时的表现。同时通过这个联系制度使家长定期了解子女在学校的学习成绩和综合表现，当寒暑假结束时，学校也可以更好地掌握学生假期的学习情况和家长的反馈意见。如果学生遇到困难，学校和家庭可以给予学生更多情感关怀和理性引导，为大学生健康成长创造良好的生命教育环境。

（二）将生命教育思想融入各学科教学中

生命教育的整体内容广泛，单纯依靠独立的生命教育课程是无法完成的，所以学校既要开设相应的生命教育课程，更要把生命教育思想渗透到各学科教学中。教学中尊重学生的主体地位、关注学生的情感需求、协助学生体验其生命价值，在潜移默化中影响学生的生命意识，关注学生的学习、生活状态，使其形成正确的人生观、价值观，引导学生寻找解决矛盾的正确途径。关怀学生，让学生充分地感受到生命的活力和价值。

（三）开展丰富多彩的实践活动

高校还可以创造机会，鼓励学生参加学术、科研、体育、艺术、娱乐等各种实践活动，为大学生提供求知、自我表现、人际交往和认识社会的宽广舞台，丰富和充实大学生的生活，在活动中帮助学生体验生存感受，培养积极的生命情感。例如：组织大学生到烈士陵

园、革命纪念馆、名人故居等德育教育基地参观，让大学生懂得生命的价值和意义；组织大学生参观看守所、戒毒所等，使大学生树立法律意识，维护生命的尊严；组织大学生参加志愿者活动，扶贫助困，引导大学生学会关爱他人，从而增强其生命责任感。

（四）完善学校心理咨询机构

应配置专业老师组织开展学生心理问题筛查活动，建立学生心理健康档案，关注大学生中的特殊人群和自杀高危人群心理；积极开展各种心理健康教育活动，使其树立正确的生命观；重点关注特殊家庭和经济困难家庭的大学生，发现异常情况及时解决；心理咨询机构应完善大学生心理健康教育网络，建立班级—系—学院—学校多层管理体制，通过多种途径与大学生交流、沟通，及时了解情况，发现问题及时解决。

（五）提倡大学生进行自我教育

生命教育要想取得实效，单纯依靠外在因素是无法实现的，必须提倡大学生进行自我教育，只有发挥大学生主观能动性，才能达到理想的效果。

第二节　基于新媒体环境的大学生人际交往教育

一、基于新媒体环境的大学生人际关系的构成

大学生处于各种社会关系的复杂网络中，不同类型的人际关系促使他们采取不同的人际交往方式，而不同人的心理承受、调节、适应能力的强弱也有一定的差异。因此，不同人际关系对大学生造成的影响不尽相同。

（一）同学关系

同学之间的交往是大学生人际交往中的主要形式。同学间没有过多的利益冲突，虽然可能有或多或少的不愉快，但大学同学关系总体上是和睦的、友好的，并且有亲情化的趋势。

（二）室友关系

宿舍生活是大学生生活中不可缺少的组成部分。因为室友是每天接触机会最多、相处时间最长的人，所以，室友关系的好坏对大学生造成的影响相对较大。

（三）师生关系

老师与学生是大学校园里的两大基本群体，师生关系是大学生人际关系的重要内容。大学师生关系与中小学师生关系相比，交往、交流不够多，关系不够密切。

（四）网络人际关系

网络的普及催生了网络人际交往这一特殊的、新兴的人际交往方式，对大学生的生活方式、价值观念造成了前所未有的冲击。

（五）个人与各种集体关系

大学生都不同程度处于年级、班级、各种学生社团等大大小小的集体中，个人在集体交往中的参与程度、扮演的角色等决定了个人与集体的交往关系。

二、基于新媒体环境的大学生人际交往的原则

（一）平等互尊原则

平等，一是指政治平等，即人们在政治活动中享有同样的权利和地位，包括民主权利、参与社会管理权利、政治信仰权利等；二是指经济平等，主要指按劳分配、等价交换以及个人财产不受侵犯；三是指法律平等，即法律规范应体现人人平等，法律一旦制定，对任何人都有同样的约束力；四是指人格平等，主要是尊重他人的自尊心和感情，不践踏他人的人身权利。当然，平等是相对的，不是绝对的。平等主要是指起点和机会均等。以学生为例，国家为每个人提供了上大学的机会，至于谁上大学、上什么样的大学，则要看个人的努力程度和条件。

尊重包括自尊和尊重他人两个方面。自尊就是在各种场合都自重、自爱，保持自己的人格尊严；尊重他人就是重视他人的人格和价值，承认他人在交往中的平等地位。马克思说得好："你希望别人怎样对待自己，你就应该怎样对待别人。"在人际交往中，尊重是一个重要原则，能够引发人的信任、坦诚等诸多积极情感，缩短人与人之间的心理距离。一个不善于尊重他人的人，很难与他人进行良好的合作，甚至办不成任何事情。

（二）诚实守信原则

要"言必信，行必果"，答应别人的事情不管有多难，也要千方百计、不遗余力地办到。如果经再三努力而没有实现，则应诚恳说明原因，不能有"凑合""应付"的思想。守信用者能交到真朋友、好朋友，不守信用者只能交一时的朋友或终将被遗弃。坚持诚实守信原则，要做到有约按时到，借物按时还，不胡乱猜疑，不轻易许诺，不信口开河。

（三）宽容团结原则

宽容团结是人际关系的重要准则。这是因为在人民内部，人们奋斗目标相同，根本利益一致，有宽容的现实基础。宽容，简单地说，就是宽宏大量，忍耐性强。具体地说，就是要听得进话，包括好话、坏话、正面的话和反面的话；受得了气，要有委曲求全的度量，

容得了人包括容得下超过自己的人、拥护自己的人和反对自己的人。宽容还要容得下别人的缺点，相信他人能自己教育自己，自己改正错误。

（四）互助互利原则

交往双方的心理需要都获得满足，其关系才会继续发展。因此，交往双方要本着互助互利原则。坚持互助互利原则，就要摒弃极端个人主义，与人为善，乐于帮助别人。同时，又要善于求助别人。别人帮助你克服了困难，他也会感到愉快，这也可以进一步促进双方的情感交流。

三、基于新媒体环境的大学生人际交往能力的影响因素

人际交往中的能力和技巧对交往的过程有重要的影响，对于大学生而言，其人际交往能力主要有以下几个方面的不足。

（一）知识经验不足

有的大学生缺乏交往的经验，尤其是成功交往的经验。他们想关心人却不知从何做起，想表现自己却不知道如何展现。知识经验的欠缺还表现在其对交往对象的认知上，“世界是彩色的”，世上有形形色色的人，与不同个性类型的人交往，其策略应因人而异，以任性化的模式与人交往无疑会受挫和失败。

（二）语言表达能力欠佳

语言是交往中重要的信息载体，是最重要的交际工具。好的语言表达，是指既知道在什么情况下说什么，又知道在不同情况下怎么说。俗话说：“良言一句三冬暖，恶语伤人六月寒。”有的大学生语言表达能力差，词不达意，话不得体。本想赞美人，却怎么也开不了口或词不达意；本想表达友善，言辞却是冷冰冰的。这些势必影响交往的顺利进行。

（三）交往监控能力缺乏

交往监控能力指交往者为了保证交往达到预期的目标，在交往全过程中将交往活动本身作为意识的对象，不断地对其进行积极主动的计划、检查、评价、反馈、控制和调节的能力。这种能力主要分为三大方面：一是对自己交往活动的事先计划和安排；二是对自己交往活动有意识地监察、评价和反省；三是对自己交往活动的调节、校正和自我控制。交往监控能力是人际交往能力的最高水平，一个成功的交往者必定具有较强的交往监控能力。有些大学生的人际交往障碍往往是由没有注意培养有效的交往监控能力造成的。

四、基于新媒体环境的大学生人际交往的策略与方法

（一）正确认识自己

正确认识自己是交往的前提与良好的开端。要正确认识自己，就要做到客观公正地评价自我，做到既不清高，亦不妄自菲薄，又要充分发挥自己的长处。正确地与别人比较，正确地看待竞争，塑造自己的坚强个性，增强自身的人际吸引力。

（二）提升对人际交往的认识

人际交往是人类社会独有的社会现象和活动，是人类历史的必然组成部分，也是人们日常活动的必然内容，是群体构成的重要条件，是青年形成自我意识的重要途径。人们在生活中必须形成健康的人际关系，即双方进行可靠的相互沟通；向对方提出合情合理的要求；双方自觉地、积极地关注对方的自身完善和幸福；双方都能珍视对方的自由和独立存在，而不是设法去控制对方。

（三）要宽以待人，不能苛求

世界上根本没有纯粹完美的事物，造物主在造物时就给每一样东西都留下了缺陷，不然今天的世界怎么会呈现这般的生动和丰富多彩？人人都有缺点，如果你想找一个完美的人做朋友，恐怕等到头发白了也没有希望。假设真的有这样的人，说不定人家还会因为你有不少缺点而不愿意与你做朋友呢。

如果我们能从另一个角度看待他人，说不定很多缺点恰恰正是优点。一个固执的人，你可以把他看成一个“信念坚定的人”；一个吝啬的人，你可以把他看成一个“节约的人”；一个城府深的人，你可以把他看成一个“深谋远虑的人”；一个自大的人，你可以把他看成一个“自信心强的人”；一个喜欢发脾气的人，你可以把他看成一个“感情丰富的人”。

对朋友过于苛求，实际上等于还没真正理解“朋友”的含义。我们需要朋友，但不能完全依赖朋友。不能对朋友有过高的期望。如果一个人太依赖友情，那他从友情中得到的往往不是快乐，而是苦恼。如果把快乐寄托在别人的身上，那是很危险的。不管这个人是你多么亲近的人，父母也好，恋人也好，子女也好，朋友也好，寄托的结果往往是失望。倘若我们对别人没有太多的奢望，就会减少很多患得患失的烦恼。过于苛求将适得其反，最后会导致“兄弟反目”的结果。

（四）克服社交恐惧症

常见的社交恐惧症主要表现为对人际交往特别敏感、害怕，极力回避与他人接触。总是担心自己社交不成功，对一些集体活动避而远之。由于交往的范围越来越小，之后甚至走进自我封闭的圈里。这类学生最重要的是增强自信心，克服交往心理障碍。充分认识到

自己的不足并勇于承认既成的事实，不要过于追求社交中自身形象的完美，不要在生活的细枝末节上多费时间，要学会坦然处之的生活方式。

（五）学会交谈技巧

善于倾听是一项很重要的技巧。哲学家黑格尔说过，在有些场合，由于你说了好多话而没有注意倾听，你至少做了两件对你十分有害的事：第一，尤其在同行或比你强的人在场时，你暴露了你的浅薄与无知；第二，由于你的滔滔不绝，你失掉了向别人尤其是向专家学习的机会。

第三节　基于新媒体环境的大学生诚信教育

一、基于新媒体环境的大学生诚信教育的必要性

诚信是一切道德的基础和根本，是人之为人最重要的品德。大学生正处于人生观的形成和发展时期，加强大学生诚信教育，是塑造大学生健全人格、培养新时期合格人才的需要。诚实守信是市场经济的内在要求，大学生是未来社会主义市场经济建设的主力军，加强大学生诚信教育也是社会主义市场经济建设的需要。当前，我国正处于经济转型时期，由于某些原因，一些人诚信缺失现象比较严重，大学生中也经常出现一些不守诚信的人。这种诚信的缺失不仅关系到大学生自身的健康成长，更危及国家的富强和民族的振兴。因此，在大学生中深入开展诚信教育、强化诚信意识，是当前高校人才培养工作中一项重要而紧迫的任务。

二、基于新媒体环境的大学生诚信缺失的原因

（一）社会大环境的影响

当今社会上的确出现了一些信用缺失的现象，失信惩罚机制不完善和社会信用评估体系不健全使失信者不能得到相应制裁，客观上助长了大学生不守诚信的心理。

（二）家庭诚信教育缺失

现代家庭教育强调的多是只要学习好，其他一切都好。甚至有的家长怕孩子在外面“吃亏”，常常给孩子灌输消极的处世哲学；有的家长本身就存在不诚信的行为，比如职称考试作弊、虚报工作业绩、做生意缺乏诚信等，对孩子产生了消极的影响。

（三）部分学校的德育教育流于形式

许多大学的德育教育仅重视德育的政治导向功能和理论教化功能，忽视了基本道德要求和行为养成，导致德育时效性不强，使本应受到重视的诚信教育流于形式。更有甚者，有些院校在招生宣传等工作中不诚信；在就业方面，为追求就业率，对学生的推荐材料审核不严，对学生的造假行为放任不管，对用人单位的质疑含糊其词，助长了不良风气的蔓延。

此外，传统的小学、中学应试教育观念根深蒂固，而小学和中学阶段正是学生世界观、人生观初步形成的重要时期，这一时期德育教育的缺失成了诚信缺失的主要原因。

（四）用人单位的人才标准和招聘方式不科学

长期以来，国内对于人才的界定，“学历论”的色彩尤为浓厚，只注重专业知识和业务能力，对学生品德素质的评价和要求往往比较笼统，考核的内容也不具体。这些错误的导向在一定程度上致使部分学生走上不诚信之路。

三、加强大学生诚信教育的对策

（一）培养道德情感，锤炼诚信的道德意志

道德情感是个人对现实生活中道德关系和道德行为的爱憎、好恶、信任、同情、痛苦等内心体验和主观态度，它往往成为道德实践的直接动机。苏霍姆林斯基认为，没有情感，道德就会变成枯燥无味的空话，只能培养伪君子。因此，必须培养大学生对诚信的坚定情感，将道德认识升华为高尚的道德情感，只有这样才有可能内化为人的道德品质。所谓道德意志，是个体在履行道德义务的过程中，通过自觉地确定目的、支配行动、克服困难等表现出来的能动的实践精神。它有三个重要特征：自觉性、自主性、自律性。诚实守信是一种品质，仅靠外在约束显然是不够的，还要加强内在意志品质的培养。道德意志坚定，才能克服诸多内外困难，自觉按照社会道德规范来调控自己的行为。

（二）以文化活动为载体，广泛开展诚信道德实践活动

高校有良好的育人环境、丰富的教育素材，学生诚信理念的形成和诚信行为的养成虽然有赖于社会大环境的不断优化，但也离不开高校自身所特有的引导作用。学校要充分利用一切宣传工具，充分发挥其文明窗口的作用，如利用广播、宣传板、黑板报、壁报等，大力宣传诚信教育的社会意义，褒扬诚实守信的先进典型；广泛开展以诚实守信为主题的多种形式的诚信演讲、讲故事、征文比赛、辩论赛、无人报刊销售等实践活动，积极营造“以诚信为荣，以失信为耻”的良好氛围，真正形成倡导和注重诚实守信的良好风气。

（三）加强大学生网络诚信教育

高校德育应当充分利用网络手段，发挥网络在道德教育中的作用。通过网络拓展传统教育过于单一的教学手段，丰富德育课程的内容；通过建立诚信教育网站等形式，充分利用网络的信息传递优势，宣传诚信思想，营造诚信教育的良好氛围；同时，网络教育强调的是“双主体”，能充分调动学生的主动性，较好地避免传统教育中学生常常因“客体”身份而产生的逆反心理，达到良好的教育效果。此外，网络手段又有利于预防和避免网络对诚信道德教育的负面影响。

第四节 基于新媒体环境的大学生廉洁教育

一、基于新媒体环境的大学生廉洁教育的意义

（一）大学生廉洁教育是践行科学发展观的重要体现

通过廉洁教育宣传社会主义先进文化，引导大学生树立建设中国特色社会主义的坚定信念和正确的世界观、人生观、价值观，筑牢他们拒腐防变的思想基础。使其成为社会主义建设事业的合格人才，是全面贯彻落实两大思想的必然要求，是反腐倡廉建设和廉政文化建设的实现目标，也是构建社会主义和谐社会的重要保证。

（二）大学生廉洁教育是高校培养优秀人才的必然要求

高校要为社会培养优秀的人才、高素质的人才。大学生不仅应该具备丰富的知识、高级技能，更应该具备高尚的道德情操。大学生要成为“国民表率、社会栋梁”，首先应做一个合格的公民。合格公民包含的内容广泛，包括身心、德智、知识与能力诸多方面，要求学生要有诚信，要廉洁自律，要有创造力和创新精神，要重视道德的培养。所以对大学生来讲，爱国主义、集体主义、人民至上、洁身自爱必须内蕴于其品质之中。

（三）大学生廉洁教育是净化社会环境的需要

廉洁社会，既包括公职人员廉洁，也包括社会其他成员廉洁。为了防止公职人员腐败，我们开展了廉政教育和干部教育。但是，仅仅防止公职人员腐败并不能实现社会廉洁。因为公职人员的思想意识仍受到社会环境的影响。公职人员腐败意识滋生有内因和外因两个方面，要有效抑制其腐败意识，仅靠对公职人员进行廉政教育是远远不够的。只有社会清廉，才能在全社会形成以贪为耻、以廉为荣的社会风气，才能增强整个社会的免疫力。大学生是未来廉洁社会的主要建设者，在大学生中进行廉洁教育的意义尤其重大。没有廉洁

的社会，清廉政治、廉洁政府也就无从谈起。

（四）大学生廉洁教育是构建和谐社会的需要

人是和谐社会的主体，也是腐败的主体。除去腐败这一社会毒瘤必须要人人参与，因此必须要对大学生进行反腐教育。将大学生廉洁教育和思想品德教育融为一体，帮助大学生树立积极、健康、向上的理想信念，提高廉洁公正素质和抵御腐败的能力，既符合个人成长成才的规律，又可以为构建和谐社会提供人才资源。因此，加强大学生廉洁教育，将其作为构建和谐社会的基础性工程，是我们必须肩负的重要使命。

大学生健康成长是构建和谐社会的基础。大学生廉洁教育要引导学生树立社会责任意识和廉洁意识。开展对大学生的廉洁教育，启发大学生的道德觉悟，对于形成以廉为荣、以贪为耻的社会风尚，促进社会稳定和谐发展具有十分重要的作用。

二、开展大学生廉洁教育的措施

（一）加大廉洁文化教育的力度

大学生廉洁教育绝不仅仅是口号宣传，还包括廉洁文化建设。我们要利用大众传播媒体，在电视媒体、网络媒体上大力进行廉洁文化宣传，在全社会形成具有导向作用的廉洁文化氛围。

廉洁文化是一种先进文化，先进文化具有熏陶功能。我们要实现廉洁教育的开放化、全民化。传统意义上的廉洁教育仅仅局限于“会场”，这是远远不够的。我们要将廉洁文化全面推向便于全民参与的开放式广场，使廉洁文化通过“广场”进入广大人民心中，尤其要对当代大学生发挥潜移默化的教育作用。

（二）把防腐倡廉作为大学生应当承担的社会责任

人的发展离不开社会。一方面，个人离不开社会。人是最名副其实的社会性动物，不仅是一种合群动物，而且是只有在社会中才能生存与发展的动物。另一方面，社会又离不开个人。没有个人，社会就不存在，由此而言，社会本身即处于社会关系中的人的本身。在当前市场经济环境中，不少人在精神上产生困惑、迷惘，这种情况决定了改变精神价值观念是使现代社会摆脱危机的唯一出路。大学生应处理好个人利益与社会整体利益、权利与义务之间的关系，对于禁止什么、提倡什么要有明确的态度，对于社会上出现的消极腐败现象应当予以揭露和反对，明白反对消极腐败现象是自己所应承担的社会责任。

（三）把廉洁教育与各项工作紧密结合起来

要把廉洁教育与保持共产党员先进性教育相结合，加强大学生党员从政道德教育，牢固树立马克思主义的世界观、人生观、价值观，坚持科学发展观，进一步提高他们的政治思想素质。把廉洁教育与校风建设和师德师风建设紧密结合起来，使廉洁教育活动以一种学生乐于参与、易于接受的形式展开，以增强教育的广泛性、深入性和有效性。通过日常耳濡目染，帮助学生树立“敬廉崇洁”的道德观，从而形成“廉洁、文明、诚信、守法”的良好风尚。

（四）发挥学生党、团组织的作用

高校廉政文化建设和廉洁教育工作必须充分发挥学生党支部的战斗堡垒作用和学生党员的表率作用。要以保持共产党员先进性教育活动为契机，深入开展廉洁教育，使党员严格要求自己，提高党性修养，充分发挥其在大学生廉洁教育中的骨干带头作用和先锋模范作用；要发挥共青团和学生组织在教育、团结、联系大学生方面的优势，在大学生廉洁教育中发挥好桥梁和纽带作用；还要高度重视学生社区、网络虚拟群体等新型学生组织在廉洁教育工作中的重要作用，调动学生的积极性和主动性。

第五节 基于新媒体环境的大学生就业教育

一、什么是就业？

就业是劳动者同生产资料相结合，从事一定的社会劳动并取得经济收入的活动。大学生就业是指大学毕业生找到并参加工作，即从学生向劳动者过渡，它反映了教育学习和职业实践之间的联系。

二、大学生就业总体形势

随着今后几年大学毕业生数量的过快增长，就业压力将进一步加大。根据前几年招生数据推算，今后几年，普通高校毕业生人数将保持大幅度的增长。2006 年为 413 万人，较上年增加了 75 万人，增幅达到 22.2% 的高峰。2007 年毕业生为 495 万人，较上年增加 82 万人，增幅达到 19.9%；2008 年为 559 万人，较上年增加 64 万人，增幅达到 13%；2009 年为 611 万人，较上年增加 52 万人。可以预计，大学生就业竞争将更加激烈。

三、基于新媒体环境的大学生就业指导的基本含义

大学生就业指导就是帮助大学毕业生认识和适应就业这个过渡过程，并解决流动中的问题。大学生就业指导不仅是帮助大学生选择职业、求得一份工作，也是帮助大学生预测社会的需求状况，传递就业信息，让他们掌握正确的择业方法，为他们解决就业过程中遇到的问题。如高校可开办就业市场，组织“供需见面”“双向选择”招聘会，从而达到使大学生适应环境、成功地走向社会并为社会做贡献的目的。

四、树立正确的择业观与创业观

（一）树立正确的择业观

1. 先就业，后择业

中国人向来视稳定为生活的重要条件，计划经济时代一次就业定终身的观念，经过历史的积淀便形成了具有普遍性的就业心理。而现代社会为人们提供了独立发展的空间，市场经济配置人力资源的特征是人才的合理流动。资金、商品要流动，同样人力资源也要流动。大学毕业生不要急于在短时间内找一个固定的“铁饭碗”，而要学会在流动中求生存、求发展。人事制度的不断完善为毕业生的流动就业创造了条件。近年来，一部分毕业生，特别是部分专科和中专院校毕业生，不再强求找一个固定的就业单位，而是毕业时将人事关系托管在工作地的人才交流中心，在哪里找到工作，就在哪里就业，发挥才干。因此，毕业生要树立不断进取的流动观念并学会在流动中发现机会、抓住机会、把握机会。

2. 勇于面对竞争

社会主义市场经济最显著的特点之一是竞争。竞争可以激发人们自立、自强、自主的精神，发挥人的内在潜能，增强其工作和社会活动能力。人才市场同样存在着激烈的竞争。面对就业竞争激烈的现实，毕业生应当摆脱被动依赖、消极等待的状况，敢于竞争，树立“爱拼才会赢”的观念，做好多方面的竞争准备。

全国每年都有上百万的毕业生要在一定时间内实现就业，这使每一个毕业生都存在着一定的压力。如果没有强烈的竞争意识，不把外在的压力转化为内在的动力，没有主动竞争的思想准备和积极参与应聘的行为，显然是难以顺利毕业的。人才市场上的供需关系总会存在这样或那样一些不平衡之处，同一个岗位往往有较多的择业者期望获得，择业者要想实现自己的期望目标唯有竞争。

有竞争就有风险，参与竞争就难免要受到挫折。对于就业竞争中的毕业生来说，尤其要注意提高遭受挫折后的心理承受能力，把挫折看成锻炼意志、增强能力的好机会。保持良好的竞争心态，主动摆脱受到挫折后的颓废情绪，要认真分析失败的原因，调整自己的心态和择业目标，鼓足勇气，争取新的机会，绝不能因此而灰心丧气、一蹶不振。

3. 提高综合素质

在毕业生就业市场，经常看到不少毕业生为了各种各样的原因盲目放弃自身专业，盲目追求热门职业而忽视专业特点。在选择就业岗位时一定要慎重考虑。现代科技发展使知识更新周期大大缩短，对某些专业来说，如果改行一两年后再重新做回原专业是相当困难的。专业知识是一个人知识结构的主干，是知识体系的主体，而专长则是知识结构的枝干，是知识体系的外延。一个人的知识结构主干决定了其就业的适用范围。虽然我们不提倡绝对的专业对口，但应考虑所掌握主体知识的适应性及所具专长的扩展面。因此，毕业生择业时首先要考虑所学的专业，根据专业特点谋求职业，以做到专业特点与职业要求相匹配，发挥专业优势。事实上，有些用人单位更加注重毕业生的综合素质。他们坚信这样的理念：只要给每位毕业生以同等的机会，他们都会尽力做到最好。事实证明这是科学、明智的用人之举。因此，毕业生应善于把握机会、认真分析，做出符合自身特点的选择。

（二）树立正确的创业观

1. 要有敢于创业的勇气

创业需要有信心，只要经过充分的论证，决定了的事情就要咬定不放，不动摇、不犹豫，勇于面对前进中的挫折和磨难；创业需要有恒心，要持之以恒，不怕各种挫折，失败了爬起来再干，终有一天会成功；创业需要有耐心，事业不是一帆风顺的，必然要经历一个长期积累、长期发展的过程，在不断熟悉社会、适应市场的过程中驾驭事业的航船乘风破浪；创业更需要有知识，特别是高科技知识。

创业最能体现人生价值和个人能力。创业不是坐享其成、因循守旧、因人成事，而是个人才智的最大限度发挥，把人的所有潜能都挖掘出来。创业有时候需要孤军奋战，不被亲朋好友认可，不被社会认可。挫折、焦虑、愤怒、自卑、怀疑……种种感受像打翻了的五味瓶，什么都得品尝，什么都得体验。

2. 要提高创业能力

创业是一个系统工程，它要求创业者在企业定位、战略策划、产权关系、市场营销、生产组织、团队组建、财务体系等一系列领域有一定的知识积累。大学生有了好的项目或想法，只是代表"创业的长征路"刚跨出了一步。很多大学生认为，凭一个好的想法与创意就代表一定能创业成功，因而在创业时对可能遇到的问题准备不充分或根本就没有思考对策与设计好退出机制，所以对来自各方面的反面因素浑然不知，从而导致一开始便遇到各种各样的难题，使创业还没有开始多久即以失败告终。所以创业者虽不是全才，但要着眼于全局。

第八章　基于新媒体环境的大学生思想政治教育的教学创新研究

第一节　基于新媒体环境的大学生思想政治教育的教学原则

原则，是思考与言行所遵循的准则或标准。高校新媒体思想政治教育的原则，是指在进行高校新媒体思想政治教育的过程中或在开展相关工作过程中，正确处理各种矛盾与关系所遵循的准则或标准。比如说，高校新媒体思想政治教育首先要遵循思想政治教育原则，即方向原则、求实原则、民主原则、渗透原则、层次原则、激励原则、主体原则、示范原则。然而高校新媒体思想政治教育又具有自身的特殊性，因此本节从其特殊性入手，具体提出三种运动原则、双重视域原则，“政治性”“媒介性”“历史性”“教育性”相结合原则及理论认识与实践应用相结合原则。

一、三种运动原则

“三种运动原则”是指：①从“新媒体”到“基于新媒体环境的大学生思想政治教育”的运动，即从“新媒体”（媒介、环境）出发，为“基于新媒体环境的大学生思想政治教育”带来新的思考与实践的起点、方向与方式，使“新媒体”作用于“高校思想政治教育”；②从“基于新媒体环境的大学生思想政治教育”到“新媒体”的运动，即从“基于新媒体环境的大学生思想政治教育”出发，来引导与规范“新媒体”，使“基于新媒体环境的大学生思想政治教育”作用于“新媒体”；③“新媒体”—“高校思想政治教育”的统一运动，即两者互为彼此运动的内在的、有机的环节。

“高校新媒体思想政治教育”要将“新媒体”与“高校思想政治教育”有机结合，形成“新媒体”—“高校思想政治教育”，这是我们的基本出发点。两者结合并非简单地相加，而是彼此作用，互为各自运动变化的外在契机与内在环节。坚持三种运动原则，有利于我们把握“新媒体”—“高校思想政治教育”整体运动的不同侧面，把握两者在彼此作用与有机结合的动态过程中所表现出来的复杂性与多样性。不论是对高校新媒体思想政治教育进行建设，还是将其付诸实践，我们都要正确而全面地把握“新媒体”与“高校思想政治教育”之间内在、复杂而开放的联系。因此，在高校新媒体思想政治教育的建设与实践过程中，我们要遵循三种运动原则。同时，它有助于我们清楚地理解高校新媒体思想政治教育的内涵。

二、双重视域原则

所谓“双重视域原则”，大体包括两项内容：第一项，是从“肯定”与“批判”的双重视域来同时考察新媒体，比如从解放与控制、多元与单一、开放与封闭视域来同时进行考察。用学者南帆的话来表述，即要清楚地理解新媒体“既带来了一种解放，又制造了一种控制；既预示了一种潜在的民主，又剥夺了某些自由；既展开了一个新的地平线，又限定了新的活动区域——双重视域的意义在于，人们的考察既包含了肯定，又提出批判；既充当伯明翰学派的弟子，又扮演法兰克福学派的传人。也许，人们没有必要急于确定一个结论—— 一个肯定或者否定电子传播媒介的评价。人们需要的是分析和展开，从而看到哪些方面呈现为一种解放，哪些方面又呈现为一种控制”。第二项，是从“技术”与“生存”的双重视域来同时考察新媒体，既把新媒体视作一种技术工具，也将其视为一种生存方式；既将之看作一种形式、载体与平台，也将其看作一种讯息、隐喻与认识论。

这两项双重视域原则，一方面从正、反两面出发，另一方面从深、浅两层考察。实行这一原则，可以让我们全面、开放而纵深地理解新媒体。遵循该原则的目的并非止于新媒体这一方面，而是为了有效地开展基于新媒体环境的大学生思想政治教育，正确地制定教育方案与应对策略。比如在教育实践中，倘能全面把握新媒体的正、反两面，则既有利于我们借其优势，使之成为教育创新的外在契机与内在环节；又有助于我们识其弊害，一来防止它对教育造成损害，不能盲目、无度地利用新媒体来进行教育，二来将此作为教育内容，在思想政治教育过程中培养大学生的媒介意识，使大学生认识到新媒体对人的控制。不论是由“新媒体”到“高校思想政治教育”的运动，还是由“高校思想政治教育”到“新媒体”的运动，都要坚持双重视域原则，从而更有效地运用三种运动原则。

三、“思政性”“媒介性”“教育性”“历史性”相结合原则

所谓“‘思政性’‘媒介性’‘教育性’‘历史性’相结合原则”，是指在建设与实践高校新媒体思想政治教育的过程中，要把思政、媒介、教育与历史这几个维度综合起来，要把上述诸领域的属性、特征及作用有机地统一起来。不能把其中某一维度视作孤立而封闭的存在，也不能片面地强调某一领域，而是考虑它们的交叉关系、流通关系、内在联系、互动作用及综合效应。

首先，要使“思政性”与“媒介性”结合起来，考虑两者之间的流通关系、运动关系，既要坚持“思政性”不动摇，又要顾及“媒介性”。比如，在利用新媒体对大学生进行思

想政治宣传教育时，必须使之符合新媒体的形式与语境，而不是把教科书或课堂里的教育内容原封不动地移植于新媒体空间。但又要谨防走向另一个极端，即谨防削足适履地、本末倒置地去适应新媒体，一味地迎合新媒体的偏好，从而失去了思想政治教育的初衷，使“思政性”成为“媒介性”的附庸。否则就不是在利用新媒体，而是被新媒体利用。同时，我们在工作中还要注意思政的媒介性与媒介的思政性，两者缺一不可。

其次，在“思政性”与“媒介性”的沟通过程中，还要注重与“教育性”相结合。我们不只是为了利用某种媒介来进行思政工作，也是为了进行教育工作，要将两者统一起来。因此，在“思政性”与“媒介性”的互动中要体现出“教育性”，呈现出教育价值，并遵循一定的教育原则，比如潜移默化、循序渐进、因材施教等原则。我们可以寓教于乐，但不能唯“乐”是图。

最后，要引入“历史性”的维度与视域，即对维度之间的互动进行历史化、语境化的分析处理，而非将之看作“超历史”“非历史”“反历史”的存在。我们要在“思政”“教育”“语境”的沟通中来构建与实践高校新媒体思想政治教育模式，而这一“语境”即“新媒体”。换言之，“新媒体”并非只是一种媒介、工具或技术，也是一种语境。与此同时，还要把新媒体这种“媒介”历史化，将之置于更大的社会历史语境中。对于基于新媒体环境的大学生思想政治教育而言，较之社会历史语境这一层面，“新媒体”只构成“局部语境”，只具有局部意义，因而不能将新媒体视为最终的、根本的决定性因素。此外，“正如不能把文本视为封闭的本体论空间，我们也不能对新媒体的媒介形式做形式主义、技术主义的阐释，必须引入历史的维度，即历史化。新媒体之问世，有赖于数字技术与网络技术的介入，是一种技术现象；而其能够广泛流行、深入民众、制造迷思，则与社会历史（包括政治、经济、文化背景，也包括对新媒体的各种阐释语码）有关，是一种历史现象”。因此，我们在处理诸多维度、要素的互动中或在它们相结合的时候，要坚持历史化原则，即始终将它们与社会历史、生产方式等相关联，虽然这种关联未必是直接的、线性的因果关系。

基于新媒体环境的大学生思想政治教育所具有的综合性特征，使之与其他学科有着内在的必然联系，比如教育学、心理学、政治学、社会学及管理学等。这要求我们在理论思考与具体实践中，要把所涉维度和要素综合起来。因此，就高校新媒体思想政治教育而论，笔者提出“思政性”“媒介性”“教育性”“历史性”相结合原则。坚持这一原则，可以防止我们在实际工作中孤立地、静止地、非历史地处理某种要素，能够让我们联系地、动态地、历史地来把握它。比如，可以防止我们过于偏重“思政性”“教育性”而忽略“媒介性”，或盲目而过度地注重“媒介性”而弱化了“思政性”“教育性”。

四、理论认识与实践应用相结合原则

所谓“理论认识与实践应用相结合原则”，是指在构建与实践高校新媒体思想政治教育模式时，要将理论与实践、知识与应用结合起来，将理论知识自觉地转化为实践，同时在实践中进一步推动理论认识的发展，从而更好地指导实践工作。

其一，基于新媒体环境的大学生思想政治教育者在构建高校新媒体思想政治教育模式的过程中，要坚持理论认识与实践应用相结合。新媒体的引入要求我们对基于新媒体环境的大学生思想政治教育进行理论与实践创新。但理论上的创新归根到底来自具体实践，要在实践高校新媒体思想政治教育的过程中去获得。同时，实践上的创新离不开理论认识的指导作用。比如，倘若缺乏对新媒体的理论认识，则无法在新媒体语境中指导思想政治教育的具体工作。

其二，在面向大学生开展高校新媒体思想政治教育的实践过程中，同样要坚持“理论认识与实践应用相结合原则”。一方面承接上一点，要由理论来指导实践，又要通过实践推动认识的发展；另一方面是给予大学生理论教育与实践锻炼，既要对大学生进行理论宣传与知识传授，引导他们进行理论学习，又要有计划、有目的地组织引导大学生参与实践活动，在实践中将所学知识内化于心、形成优良品德、增强法律意识等。

第二节　基于新媒体环境的大学生思想政治教育的主要教学内容

高校新媒体思想政治教育并非脱离高校思想政治教育而独立存在，不是单独地进行，而是融入高校一般意义上的思想政治教育之中，存在于它的形式及内容中。在某种意义上来说，它把新媒体作为一种形式及内容引入基于新媒体环境的大学生思想政治教育中。当然，这种“引入”并非无条件的、不加选择的，而是要遵循前面提及的理论、原则及方法。下面将为高校新媒体思想政治教育形式与内容的构建提供借鉴。

一、高校新媒体思想政治教育形式的构建

在遵循前文所论及的理论、原则及方法的基础上，将新媒体引入高校思想政治教育的形式层面，是高校新媒体思想政治教育形式构建的大略方向。具体而言，它包括以下两个层面。

（一）将新媒体作为一种新型的技术工具

将新媒体作为一种新型的技术工具、传播媒介、信息载体、教育空间、教育途径、交流平台及沟通渠道等，应用于基于新媒体环境的大学生思想政治教育中。这要求我们加强高校新媒体建设，为基于新媒体环境的大学生思想政治教育搭建完善而专业的新媒体平台，以此开展思想政治教育工作，使新媒体成为思想政治教育的另一种形式、阵地、领域与空间，且使之获得常态化、稳态化的发展。换言之，要大力开发与建设智能手机媒体、社交

媒体、移动应用APP、网站、博客、微博、微信或QQ等教育载体，自觉地通过新媒体生产、传播与存储思想政治教育信息，开展思想政治教育的实践活动，进行思想政治教育方面的管理工作；与大学生积极对话、互动交流，与传统的教育形式、教育载体相配合，从而使思想政治教育内容有效地渗透进大学生的日常生活与思想意识中，给予他们潜移默化的积极影响、全方位的综合影响，使他们形成正确的世界观、人生观、政治观、道德观与法制观。为了更好地利用新媒体，产生良好的应用效果，发挥它的最大作用，除了必要的专业技术与硬件设备外，还要建设一支深具新媒体媒介素养的高校思想政治教育队伍。此外，需要特别指出的是，要把新媒体作为思想政治教育的媒介与载体，就要使教育信息适度而合理地适应新媒体的媒介形式与风格特征，而非把传统媒介上的教育信息原封不动地移植过来。比如，我们不能把书本上的知识信息以长篇大论的形式直接复制在微博上，而是要适应微博平台的特点，篇幅短，形式灵活，语言生动，具有时效性，图文并茂尤佳。

（二）将新媒体作为一种环境、语境、理念及模式

将新媒体作为一种环境、语境、理念及模式，应用于基于新媒体环境的大学生思想政治教育中，即自觉地将基于新媒体环境的大学生思想政治教育置于新媒体的环境（语境）中来探讨，使教育形式积极而合理地汲取新媒体的理念、借鉴新媒体的模式。换言之，这不是通过新媒体的媒介来生产教育信息，而是通过新媒体的“环境”与“理念”来构建新的基于新媒体环境的大学生思想政治教育形式。比如，新媒体的交互性特点蕴含着平等对话的理念。依据这样的理念，在传统课堂教学中，基于新媒体环境的大学生思想政治教育要摒弃自上而下的“我启你蒙”的形式，摒弃单向“独白”的教育模式，采取积极互动、平等对话的形式，通过双向交互式的教育方式，调动大学生学习的主动性及自我教育的积极性，在课堂中构建主体间性的关系。再如，新媒体是包容多元的、极具个性化的，这要求教育者在坚持主导思想的同时，充分尊重学生的个性差异，正视多元共存的现实，摒弃单一封闭的教育形式，采取更具开放性、融合性的模式。又如，新媒体之所以吸引当代大学生，其中一个原因是它生动而鲜活。据此，有研究者指出，在新媒体时代，要“增强思想政治理论课教学的活力和生动性”，不必非以严肃、规整的面目出现，要采用大学生喜闻乐见的形式，由此营造轻松、活跃的课堂氛围，并精心设计教学课件，使之如新媒体一样融合多种媒介形式，图文并茂、影音融会。概而言之，要使课堂教育形式、方式及模式适应新媒体环境，融入新媒体时代的理念。

二、高校新媒体思想政治教育内容的构建

如上文所述，高校新媒体思想政治教育既是在新媒体领域占领并开辟新的教育阵地，也是依据新媒体时代的理念变革课堂教育形式，以此应对“数字时代”的新变化，具有时代气息，富有时代特色，符合当代大学生的需求。我们把这一点归结为“形式”层面的构

建。除此之外，高校新媒体思想政治教育还包括另一层面：对大学生的“新媒体意识”“新媒体行为”及“新媒体生存”进行正确引导与规范；通过新媒体人生观教育、新媒体政治观教育、新媒体道德观教育、新媒体法制观教育等引导与规范大学生的“新媒体意识”“新媒体行为”及“新媒体生存”，并消除新媒体所带来的负面影响。我们把这一点归结为“内容”层面的构建。将新媒体引入基于新媒体环境的大学生思想政治教育的内容层面，是高校新媒体思想政治教育内容构建的大略方向。依据高校新媒体思想政治教育的概念释义，内容层面的构建大体包含两个层面。

（一）表层媒介教育

表层内容的构建，即表层媒介教育。新媒体上信息丰富、价值多元，其中包含大量低俗信息、虚假信息、消费主义信息、西方意识形态信息等，因此必然引发不同文化的交流及碰撞。此外，大学生置身新媒体空间，在缺乏自律与他律的情况下，可能产生错误的“新媒体行为”，在海量信息中迷失自我，丧失判断是非、鉴定真假、辨别美丑、区分善恶的能力，盲目认同西方资本主义文化，追逐色情、暴力等不良信息，甚至违反新媒体方面的法律法规，比如散布谣言、进行人身攻击、侵害他人隐私等。这要求思想政治教育者对大学生进行新媒体人生观教育、新媒体政治观教育、新媒体道德观教育、新媒体法制观教育等，亦即针对大学生的新媒体环境、新媒体行为进行相关的人生观、政治观、道德观及法制观教育。概而言之，以高校思想政治教育来积极引导与正确规范大学生的新媒体行为，使之在新媒体空间中也能坚持主流思想观念，维护文化主体性，抵制西方资本主义意识形态的渗透；遵守相关道德与法规要求，增强道德意识、责任意识与集体意识，“屏蔽”有害信息，抵制恶意炒作、惑众谣言，批判个人享乐主义信息，并积极传播健康的、有利于社会主义建设的信息。

（二）深层媒介教育

深层内容的构建，即深层媒介教育。这一深层内容的构建，正如前文对高校新媒体思想政治教育概念释义所说，是在“媒介即信息”“媒介即隐喻”“媒介即认识论”的层面开展基于新媒体环境的大学生思想政治教育工作，使大学生树立起自觉的媒介意识，使之从思想政治的高度来理解与批判新媒体媒介本身及“新媒体生存”本身。

正如原始烟雾信号排除了哲学表达的可能、电视以图像为中心而摆脱文字阐释，新媒体媒介形式的内在偏向是鼓励碎片化、琐碎性、转瞬即逝、无语境或语境不充分的表达，抑制逻辑连贯、内容完整、论证严谨、语境充分、专注持久的表达。同时，它的形式虽有助于即时互动和广泛参与，却不利于开展深入而持久的阅读、阐释、交流与论辩。这种媒介将潜移默化地改变使用者的话语结构、表达方式、认知习惯和阅读要求。比如，我们在阅读马克思主义理论著作时，对身体、智力和耐心的要求明显有别于阅读新媒体信息。又如，在很多时候新媒体给了使用者参与的错觉，从而阻挡了行动、消解了政治。“讯息的流通正在消解政治，不是因为人们不关心或不愿介入，而恰恰是因为我们关心了也介入了。”我们在新媒体上完成一系列操作，仿佛真的关心了也介入了，实则却是沉溺于“点击主义”。如果说电视媒介使我们对信息漠不关心，那么新媒体则给了我们参与的错觉，结果殊途同归：导致“信息—行动比”的失衡，社会和政治活动能力的降低与丧失。如果大学生缺乏自觉的媒介意识、缺乏对新媒体的批判能力，那么新媒体所赋予他们的“交互主动”将可能蜕变为“交往被动”。“当我们交互被动时，某种别的东西，即一种物恋对象，就替我们行动起来……这种物恋对象的疯狂行动就是为了阻挡真正的行动，防止某些事情真的发生。”

鉴于上述例证，思想政治教育者必须从“媒介—信息”“媒介—隐喻”“媒介—认识”的层面来构建高校新媒体思想政治教育的内容，以期培养学生的媒介意识，使他们对自己所使用的媒介及其媒介生存有自觉而充分的认识，并能形成有效的批判，从而抵制新媒体形式本身、新媒体生存本身所包含的消极性与危害性。换言之，高校新媒体思想政治教育的深层内容，是从思想政治的维度来批判新媒体的媒介形式与新媒体的生存方式，向大学生提供这样的批判意识与理论武器，使他们能够“利用”与“驾驭”新媒体，而不是被新媒体所“控制”和“奴役”；使他们认识到新媒体的媒介形式所蕴含的洞见与盲视、正见与偏见；使他们认识到新媒体生存本身的优越性与危险性、真实性与虚幻性。处于“数字时代”，新媒体生存不可避免，但我们不该盲目地逐新骛奇，而要从思想政治的意义上使大学生知道新媒体的限度与可能，引导他们健康而合理地生活。

第三节 基于新媒体环境的大学生思想政治教育的教学方法改革

一、高校新媒体思想政治教育存在的问题

（一）对新媒体媒介形式缺乏本质性的理论认识

媒介理论与新媒体知识是高校新媒体思想政治教育重要的理论知识依据，而在当前的高校新媒体思想政治教育建设过程中，暴露了媒介理论匮乏的不足之处，尤其是对新媒体的媒介形式缺乏本质性的理论认识。不论是从技术硬件的建设来看，还是从依托了新媒体的基于新媒体环境的大学生思想政治教育工作来看，无不呈现出这一问题。正如前文所述，对媒介形式理解的深度，将决定着我们对“新媒体—高校思想政治教育”“新媒体—大学生”关系的理解深度，影响着高校新媒体思想政治教育的实践成效。一些相关研究者与工作者对媒介的理解失之浮泛，对新媒体媒介形式的理解止于“即时互动”“双向传播”“传

播内容的丰富性”“交流空间的开放性”等特征，未能彻底把新媒体置于技术—生存的“双重视域”中来理解，未能充分从“媒介即隐喻”“媒介即认识论”的深层角度来认识“新媒体—大学生”“新媒体—高校思想政治教育”的关系，未能足够深入地研究这样的媒介形式会产生怎样的精神作用、将怎样影响我们的世界观、要求怎样重新定义文化意义、是否会产生新的道德倾向和价值序列、是否有利于理性与批判思维的培养、与跨国资本主义的文化逻辑（后现代主义）是何种关系等一系列问题。这些问题正是波兹曼在《娱乐至死》中要求我们追问和深思的。同时，如今新媒体发展的一个重要特征是越来越“景观化”，这是被诸多研究者所忽略的。这无疑维系、巩固并进一步壮大了“景观社会”。如果缺乏这样的认识，没有这样的媒介意识，势必导致基于新媒体环境的大学生思想政治教育工作者盲目地、不恰当地将新媒体应用于教育工作中，得不偿失。此外，因为对新媒体媒介形式缺乏本质性的理论认识，一方面导致不能很好地遵循“思政性”“媒介性”“教育性”与“历史性”相结合原则，另一方面也导致“媒介教育”上的不足，即高校新媒体思想政治教育内容层面的欠缺。

（二）对新媒体的实践应用缺乏自觉性与专业性

尽管关于新媒体与高校思想政治教育的理论研究取得了一定成果，但是目前高校对新媒体在思想政治教育上的实践应用依旧缺乏整体上的自觉性，多是局部性实践、个人性探索、即兴式尝试，缺乏整体上的统一规划、制度上的有效保障、集体性的自觉实践。这一方面不符合理论认识与实践应用相结合的原则，另一方面也反映出基于新媒体环境的大学生思想政治教育工作者未能充分重视新媒体这一新型媒介与“数字时代”这一生存环境，或者说对新媒体应用于大学生思想政治教育的重视程度还不够。由于自觉性的缺乏，致使新媒体的实践应用未能常态化、普遍化，往往是因人而异、因校而别。

在新媒体的实践应用上又缺乏专业性。一方面缺乏技术性专业人才，不能及时维护、更新与开发新媒体设备；另一方面很多思想政治教育工作者缺乏新媒体的知识与技能，不能熟练地利用新媒体，且不熟悉新媒体的文化特点。此外，新媒体能实现多种媒介的融合交叠，具有多媒体性。如果不能全面地利用它的多媒体性，那么便无法充分地发挥它的作用。这无疑要求多种专业人才通力合作，比如艺术、传媒、文学、营销等专业人士的协调配合。而目前在新媒体的应用上，显然还缺乏多种专业人才。这便导致以下不足，即媒介内容的僵化与媒介形式的贫乏。

（三）媒介内容的僵化与媒介形式的贫乏

对新媒体的实践应用缺乏自觉性与专业性，势必导致新媒体应用效果不佳，反映在新媒体的媒介内容与媒介形式两方面，体现为媒介内容的僵化与媒介形式的贫乏。

在媒介内容层面，与其说基于新媒体环境的大学生思想政治教育工作者忽视了教育性与思政性，不如说他们忽视了“媒介性”，未能很好地遵循“思政性”“媒介性”“教育性”与“历史性”相结合原则。媒介内容的僵化指内容千篇一律、陈旧老套、呆板单调、更新不及时，脱离新媒体语境，缺乏时效性与生动性，缺乏个性化与具象化，不符合青年大学生与新媒体的文化特点。媒介形式的贫乏包括两方面：一方面是新媒体的某一种媒介形式并没有得到充分利用，只拘泥于利用它的个别形式特点，比如只在微博上发送文字消息，而忽略它图文并茂、影音俱全的多媒体性；或未能有效利用微博的互动性来调动学生的主体性，引起他们的广泛参与；另一方面是新媒体类型的多样性并没有被全面调动，只局限于利用某一种类型的新媒体，比如只侧重于网站的建设，却忽略了对微博、微信、手机媒体的开发与建设。

（四）课堂教学的守旧与媒介教育的缺失

高校新媒体思想政治教育的形式构建方案，不仅要求我们将新媒体作为一种新型的技术工具与教育载体应用于基于新媒体环境的大学生思想政治教育，同时也要求我们将新媒体作为一种环境、语境、理念及模式来应用，以此推动课堂教学形式的革新。然而，在目前的高校新媒体思想政治教育中，一些工作者只着眼于利用新媒体来开辟新的教育空间，却忽略了课堂教学形式创新这一方面。在课堂教学形式上仍是因循守旧，缺乏创新性与活力，生动性与互动性不足，不能适应新媒体的环境及其理念。换言之，在形式建设上，高校思想政治教育工作者只注意“线上”的开拓，却忽视了“线下”的创新。

依据高校新媒体思想政治教育内容构建方案，目前高校新媒体思想政治教育存在媒介教育缺失的问题，体现在两方面。一方面是表层媒介教育不足，比如在新媒体道德观教育、新媒体法制观教育上尚存在着不足；另一方面是深层媒介教育不足，即缺乏对“新媒体生存”本身的批判教育，亦即缺乏在“媒介即隐喻”“媒介即认识论”层面上开展基于新媒体环境的大学生思想政治教育工作。表层媒介教育已逐渐得到许多工作者的重视，并逐步加强，但在深层媒介教育方面却存在着严重的缺失，尚未引起人们足够而普遍的重视。

二、高校新媒体思想政治教育的对策

建设高校新媒体思想政治教育，在根本上是依据高校新媒体思想政治教育的基本方案，在理论与实践过程中不断完善与丰富这一方案。针对前面所指出的种种问题，下面将在高校新媒体思想政治教育的框架之内给出若干更为具体的对策与建议。

（一）深化教育者的媒介理论，培养教育者的媒介素养

高校新媒体思想政治教育要求教育者具备必要的媒介理论，且要不断地使之深化发展，加深对媒介的认识。这种媒介理论自然包括新媒体知识，但也要包括对其他传统媒介的理论认识。一方面应该了解“印刷机和印刷品—电报和电视—电脑、网络与新媒体”这一历史发展脉络；另一方面应该了解每一种媒介在特定的历史阶段在我们的认识论、文化、政

治、宗教等方面所起的作用。这样有助于教育者对媒介形式获得本质性的理论认识，同时又能落实在具体的历史与现实的语境之中。

“媒介素养是指使用和解读媒介信息所需要的知识、技巧和能力。”如果基于新媒体环境的大学生思想政治教育者缺乏使用、解读、参与及批判新媒体的知识与能力，势必影响新媒体的应用效果，无法吸引学生，使完善的新媒体平台徒有其表，无法发挥最大的作用。因此，我们应该培养、提升教育者的媒介素养，以使他们增强接受、制作、发布新媒体信息的能力，使其对新媒体的实践应用更具专业性、更富有成效。

（二）加强跨学科多领域合作，促进师生间的交流对话

为使教育者深化媒介理论，提升他们的媒介素养，使新媒体应用更具专业性与针对性，一方面应该加强跨学科多领域之间的合作，另一方面要积极促成师生之间的交流对话。加强跨学科多领域合作，首先是基于新媒体环境的大学生思想政治教育工作者与传媒行业的工作者之间的合作，共同探讨思想政治教育工作者提升媒介理论与媒介素养的方案与对策；其次是思想政治教育工作者与其他相关领域人才的合作，一方面是因为高校新媒体思想政治教育方案本身即要求借鉴其他相关领域的理论成果，另一方面新媒体应用实践本身也要求如此。比如，在新媒体上制作信息并推广自身，要求团队的协作与多领域人才的通力合作，如文学、绘画、设计、营销等领域的人才进行合作。此外，基于新媒体环境的大学生思想政治教育工作者也要积极与学生进行沟通，加强师生间的对话，一方面是“线上”互动，要发挥新媒体的交互性优势；另一方面是“线下”互动，与学生探讨对新媒体的感受、认识与理解，以加深教师与青年大学生对新媒体的文化特点的认识，也进一步增强了针对性。

（三）加强高校的新媒体建设，完善新媒体教育的平台

在现有的基于新媒体环境的大学生思想政治教育传媒载体基础上继续加大专项资金和专业人才的投入，主要用于加强新媒体建设，进一步完善新媒体教育的平台，主要是指技术与硬件层面。一方面，应该加强新媒体的建设与开拓工作，为基于新媒体环境的大学生思想政治教育搭建全方位的新媒体平台，包括开辟与建设 QQ、微信、微博、博客、社交网站等平台，在大学生经常使用的新媒体上都要有思想政治教育的阵地与途径。另一方面，对已搭建的新媒体平台进行完善，既包括更进一步地、纵深地开发与利用每一种新媒体上的资源，比如对 QQ 空间、微信公共平台上的资源的开发；也包括加强管理与维护工作，使新媒体平台不仅建立起来，还要使它的渠道畅通无阻、运行正常稳定、更新及时适量。换言之，加强高校的新媒体建设，完善新媒体教育的平台，一方面应该注意广度上的拓展，从无到有；另一方面要在深度上精进，从有到优。

（四）自觉而充分地运用新媒体，进行全方位、立体式教育

在开展高校新媒体思想政治教育的过程中，教育者应该自觉而充分地运用新媒体，一

方面是有计划、有目标、有步骤、有坚持、有预期、有反思地去“用”新媒体，而不是随意即兴、一曝十寒、浅尝辄止式地去“玩”新媒体；另一方面是充分而合理地利用新媒体的特性，比如重视新媒体的交互性，积极而平等地与学生互动交流。同时，教育者对新媒体实践的自觉与充分还体现在集体性与整体性上。也就是说，应该有整体规划与集体实践，而非局部性与个人性的。此外，在搭建起全方位的新媒体教育平台之后，教育者应该借此进行全方位、立体式的新媒体教育，即通过智能手机、社交网站、QQ、微信及微博等新媒体广泛、全面而纵深地作用于大学生的生活，为其推送教育信息、带来教育服务，从而提升教育成效。换言之，教育者不能只依赖某一种新媒体或仅利用某一种媒介形式，而是应该将多种多样的新媒体全面而立体地付诸教育实践。

（五）坚持思想政治教育宗旨，创新新媒体内容与形式

教育者在坚持基于新媒体环境的大学生思想政治教育宗旨的前提下，要合理创新新媒体的内容与形式，坚持“思政性”“媒介性”“教育性”“历史性”相结合原则。在内容上应该具有时效性与生动性、个性化与具象化，使之既有意义也有意思，既具思想性也具趣味性，既政治化也生活化。在形式上应该具有交互性与双向性、灵活性与开放性、丰富性与多样性，适度地契合不同新媒体类型的不同形式特点。毕竟新媒体上的信息传播是基于“同意”而非“强制”的，所以如果不能给大学生带来有益且有趣的启示，反而不断向其推送枯燥说教式的信息，恐将遭遇“屏蔽”，甚至适得其反。

然而，在创新新媒体内容与形式的同时，一定要防止走向反面、迈向另一个极端，即谨防削足适履、舍本逐末的行为，亦即忽略基于新媒体环境的大学生思想政治教育的宗旨而盲目地去迎合新媒体文化特点。这不仅未能借助新媒体来开展教育工作，反而影响了教育的品质。教育者要呈现的是“教育的好处是什么”，而非“新媒体的好处是什么”；要“利用”新媒体，而非“被利用”。因此，一定要谨慎地把握“度”的问题。

（六）转变传统课堂教育观念，适应新媒体的信息环境

在高校新媒体思想政治教育方案中，既基于形式层面的构建方向，亦遵循“三种运动原则”，教育者应该积极转变传统课堂教育观念，借此重构教育模式与师生关系，以应对新媒体环境、数字化时代所带来的新变化。一方面，教育者要对传统课堂教育理念与形式的革新保持自觉意识。一些教育者把高校新媒体思想政治教育单纯地理解为利用新媒体来开展教育工作与拓展新的教育途径，这种理解是简单化、单维度、缺乏辩证的。教育者应该对线上与线下、新媒体教育途径与传统课堂教育途径、新媒体信息环境与基于新媒体环境的大学生思想政治教育之间复杂、动态的关系有自觉的意识与深刻的认识，以免出现如下情况：只在新媒体上发展与革新，而在传统课堂中依旧如故、不求创新。另一方面，教育者应该把这种自觉的意识与认识转化为实践，因为教育本身就是实践性的。教育者要不断推动课堂教学观念及形式的革新，而这种革新既要汲取新媒体环境中进步的理念，又要

能够抵御其负面影响，对其完成克服与超越。总而言之，教育者既要在新媒体视域下思索并尝试传统课堂教学的创新，又要根据基于新媒体环境的大学生思想政治教育的宗旨与性质，构建基于新媒体环境的课堂教学方案。

（七）引入媒介思想政治教育，引导大学生的媒介行为

既基于高校新媒体思想政治教育内容层面的构建，亦遵循“三种运动原则”，基于新媒体环境的大学生思想政治教育工作者应该在传统课堂教学内容中引入媒介思想政治教育，引导大学生的媒介行为，使大学生的新媒体生存能够向着正确的方向发展，使他们在复杂多元的新媒体信息环境中不背离社会主义核心价值观。一方面，教育者应该在传统课堂的教学内容中自觉地引入媒介思想政治教育，对大学生的新媒体人生观、新媒体道德观、新媒体法制观进行引导教育，将基于新媒体环境的大学生思想政治教育内容与大学生的新媒体生存紧密而有效地结合起来，而非让两者变得疏离。另一方面，教育者在传统课堂教学内容中引入的媒介思想政治教育，也必须包括对新媒体生存本身的批判教育，这是应当引起教育者重视的一个方面。新媒体环境及其生存方式既意味着进一步解放，也可能加速人的异化，所以教育者必须进行媒介批判教育。而这种媒介批判教育应当在传统课程教学中来完成，毕竟我们不能凭借新媒体来批判新媒体，就像不能用景观来批判景观社会一样。新媒体是基于新媒体环境的大学生思想政治教育要“占领”的新阵地，但这并不意味着放弃对它的批判，更不能放弃对学生进行新媒体批判教育。我们的教育者要充分认识“占领”的意义：“占领”并非简单地占据这里，而是带来不同与改变，是要制造朗西埃所谓的“异感”，自然也包含着批判。

第四节　基于新媒体环境的大学生思想政治教育的教学模式探索

新媒体时代高校思想政治理论课肩负着对高校学生进行系统的马克思主义理论教育和思想政治观念教育的重要任务，新媒体时代高校思想政治理论课不仅需要对学生进行理论知识传授，同时更需要对学生进行思想政治实践教学。实践教学已经成为进一步提高新媒体时代高校思想政治理论课教育质量的重要突破口，因此，必须在当前形势下进一步探索新媒体时代高校思想政治理论课实践教学新模式，为今后新媒体时代高校思想政治理论课继续发挥引领高校学生思想政治发展方向的作用提供一点有益借鉴。

一、高校思想政治理论课实践教学模式现状分析

近年来，鉴于社会的快速发展对新媒体时代高校思想政治理论课提出新的要求，不少

高校已经开始探索思想政治理论课实践教学及实践教学模式，并且已经取得了一些成绩。可以说，针对新媒体时代高校思想政治理论课实践教学及其模式进行的诸多有益探索为高校进一步探索思想政治理论课实践教学新模式奠定了基础。总体来看，当前新媒体时代高校思想政治理论课实践教学取得的成绩主要有以下几个方面。

（一）高校思想政治理论课实践教学及其模式的初步探索

面对新时期社会发展对新媒体时代高校思想政治理论课提出的新要求，不少高校对思想政治理论课的实践教学及其模式进行了不同程度的探索，对思政教育实践教学的课时安排、师资力量、教学方法、内容、评价等各个方面都进行了探索并有明确规定，进而为新媒体时代高校思想政治理论课实践教学的有效运行奠定了基础。

（二）高校思想政治理论课实践教学迈入实质性阶段

不少高校在探索新媒体时代高校思想政治理论课实践教学的过程中，建立了思想政治理论课实践教学基地，例如延安大学就利用当地红色革命圣地建立了“延安大学爱国主义教育基地”，安康学院在大汉滨区大竹园镇七堰社区建立了“安康学院大学生中国特色社会主义理论实践教育基地”等；还有的高校与当地的一些法院或者监狱等单位联合建立大学生法治教育基地等。这些思想政治实践教学基地大大提高了新时期基于新媒体环境的大学生思想政治教育的质量。

（三）思想政治实践教学方法逐渐丰富、教学模式从单一走向多样化

随着思想政治教育实践探索的不断深入，不少高校的思想政治实践教学方式逐渐多样化，从校内的专题教育、讨论、辩论赛、案例教学等逐渐转向校外的实践参观、社区服务、大学生志愿者活动等，进一步丰富了高校思想政治实践教学方法。

然而应该看到的是，虽然新媒体时代高校思想政治理论课实践教学已经取得了一定的成绩，但是还远远不能满足当前社会发展对基于新媒体环境的大学生思想政治教育的要求，其仍存在一些较为广泛的问题。

（四）高校及一线教师对思想政治实践教学的重视程度不够

不少高校虽然在新媒体时代高校思想政治理论课中对实践教学的课时安排以及教学活动等做了详尽的安排，但是由于思想政治理论课在高校中属于公共课，往往是不同专业、班级的学生一起上“大堂课”，实践教学的组织难度很大；加之高校一线教师对思想政治实践教学不够重视，种种因素导致新媒体时代高校思想政治理论课实践教学最终流于形式。

（五）思想政治实践教学缺乏严密的组织性，较为混乱

不少高校的思想政治实践教学依然缺乏较为严密的组织性，教师在进行实践教学的过

程中表现出一定的随意性。同时，在师资配备、教材等方面仍然存在着一定的问题，不少高校在进行思想政治实践教学的过程中甚至没有教材；学生在实践教学过程中的主体性地位被忽视，积极性不高，导致学生的课堂参与度不高，实践课堂中受益的也只是少部分学生，大部分的学生无形之中被排除于实践课堂之外，偏离了新媒体时代高校思想政治理论课实践教学的初衷。

二、高校思想政治理论课实践教学模式创新研究

实践教学在新媒体时代高校思想政治理论课教学中不仅占有重要地位，而且也是一种培养高校大学生实践能力的有效手段。目前新媒体时代高校思想政治理论课在实践教学环节中出现诸多问题，如何在实践教学中构建出创新性的、新颖的、具有时效性的实践教学模式已成为新媒体时代高校思想政治理论课教学模式发展的重要问题。随着经济的全球化和信息网络的快速发展，大学生在不断接受种类繁多的文化影响的同时也产生了越来越多的思想精神上的问题。高校思想政治课作为对大学生进行思想政治教育的重要渠道，对大学生的价值观念及取向有着重要的影响。当前思想政治理论课实践教学模式存在着多方面的问题，如何创新该教学模式已成为高校教育持续发展的关键性问题。

（一）新媒体时代高校思想政治理论课实践教学的重要性

1. 实践教学有利于增强学生的主体意识

实践教学的目的在于引导学生健康向上成长，为学生的成长提供有益的教育。实践教学的内容注重从学生的实际出发，突出学生在实践过程中的主体性。实践教学要求突出表现学生的主体地位，同时要在学生实践过程中充分发挥学生的主观能动性，让学生担任实践活动的主角。在实践教学中教师要灵活地将理论知识转化成有吸引力的活动形式，通过多种形式的活动吸引学生主动参与到活动中。教师在思想政治理论课实践教学中发挥着重要的作用，实践教学课程的内容安排和形式两方面对实践教学效果都会产生不可忽视的影响。

2. 实践教学有助于培养学生思想品德的实践和应用能力

高校在思想品德理论课的教学过程中不断加强对大学生个人品质与品德行为的培养与教育。各大高校在思想品德教学过程中，在遵循学生思想品德培养规律的同时，进一步有针对性地对学生身心发展进行研究。通过对学生内心与精神的有效积极引导，使学生意识到自身的发展与社会整体发展间的密切联系，从学习过程中领悟到思想道德对自身的影响力，体会到社会道德发展对自身的要求，从而增强学生对未来社会生活的适应能力，提高大学生的政治觉悟和正确的政治鉴别力，最终达到思想政治理论课的教育目的。进行思想政治理论课实践教学能够极大地促进学生自身思想品德与个人素质的提高，增强当代大学生对于国家建设的历史使命感。

3. 实践教学有助于思想政治理论课程朝着正确的方向发展

高校对于实践教学这一环节的发展与创新，能够更大程度地吸收与融合社会资源与家庭因素，使多种资源相互交融、相互贯通，并且能够在各种资源相互影响的过程中丰富和完善实践教学的内容。这个充分调动各方面资源的过程不仅能够进一步增强实践教学的时效性，而且能够为高校实践教学研究者提供更多研究对象，推进高校对思想政治理论课程的深层次研究，丰富思想政治理论课的内涵。在实践教学环节中突出学生的个性，提高学生对于思想政治理论的认知能力和理解能力，使实践教学在时效性的基础上具有科学性。

（二）新媒体时代高校思想政治理论课实践教学的创新措施

1. 加强实践教学组织体系的系统性

高校应建立起与实践教学相适应的管理体制体系，如评价机制、奖励机制等。建立实践教学基地，为大学生有效开展校内实践提供良好的环境与平台，使大学生在实践教学环节得到实践锻炼机会。学校要加强对实践教学资金的规划，采取合理的奖赏措施，以激发学生参与实践教学活动的积极性。此外，要加强对实践教学教师的培训，重视教师的工作质量。

2. 增强实践教学课程内容的针对性

高校可以针对课堂教学内容采取多种教学方式。实践教学作为思想政治理论课的重要环节，必须要有灵活的教学方法和丰富的课程内容。高校可以针对具体的课程内容采取不同的实践教学形式，如课堂讨论、资料收集、专题讲座、辩论赛等。

3. 创新实践教学新模式

高校应充分整合校内外一切可利用的资源，将校外资源与校内资源有机结合，为学生实践提供良好的平台，努力改变实践教学与大学生社会实践脱节的现状。思想政治课实践教学与大学生社会实践的目的基本一致，两者都旨在提高大学生实践能力。学校可建立校外实践教学基地，从机制上为实践教学基地提供长期性和稳定性的保障。在建设基地的过程中要严格把握质量与数量，注重基地的价值，使学生所学理论知识在实践中得到充分的印证。

高校要重视实践教学在思想政治理论课程教学中的重要性，要整合多方面的资源与力量，采取多种创新性的实践教学模式，推动新媒体时代高校思想政治理论课实践教学的发展。

（三）综合实践教学创新模式的特点

1. 综合性

综合性体现在三个方面：一是实践教学内容的综合。就是整合四门课程的教学内容，形成独立的“思想政治理论课综合社会实践”课程，并且统一规定实践教学大纲、教材，用以指导思政课教学。二是学时、学分的综合。在形成统一实践教学内容的基础上，把学时、学分合并使用。三是开展实践教学的时间统一。思政课程的综合社会实践理应放在大学二年级暑假统一开展。

2. 统分结合

统分结合是指学校根据学生参与实践的人数和实践教学基地建设数量，把集中统一实践和分散自主实践结合起来，学生根据自身情况自行选择任意一种方式参与实践活动的教学组织形式。学生通过创新实践模式的教学组织平台，结合自身的实际情况，自愿选择参与方式、教学形式、教学内容和教学地点，使实践教学效果达到最佳，使实践教学体系达到最优化的状态。根据多年的经验可知，集中实践、分散实践和独立课题调研相结合的形式是可取的。

3. 项目主导

项目主导式实践教学的关键在于精心策划选题（项目）。学校思想政治理论教学部、教务处应结合当前社会的热点问题，在全校范围内招标，引入竞争机制。譬如设计“新农村建设背景下的农村基层党组织建设现状与思考”“农村留守儿童学习现状及其所思所盼”“城市农民工生存状况调查”等大量涉及城乡社区的选题，让学生结合家乡的变化和现实进行调研、撰写调研报告，有利于激发学生参与实践和解决问题。

三、基于分组的自助式实践教学

实践教学是新媒体时代高校思想政治理论课（以下简称“思政课”）不可或缺的重要环节，是把理论与实践、课堂与社会、学习与研究紧密联系起来，对提高思政课教学的吸引力、感染力和针对性、实效性具有重要意义。它包括校本实践和社会实践两种。近年来，思政课校本实践颇为盛行，但社会实践活动则限于诸多客观条件而难以真正实施，常常流于形式，成为实践教学的难点甚至盲点。各高校都在努力探索思政课实践教学，取得了一定的成绩。

（一）运用自助式实践教学方式的重要意义

1. 让思政课实践教学回归真正意义上的社会实践

教师应鼓励学生自由实践，多渠道、多形式地完成实践任务，让实践教学回归真正意义上的社会实践。实践教学的形式、方法要随着社会生活环境的变化而不断调整，同时使受教育者在开阔的社会视野中认识自己、把握自己并找到自己的位置。在提出大学生思政课自助式社会实践方式之前，已有大学生暑期社会实践和志愿者社会实践等多种成熟的方式，但每种方式都有一个无法解决的问题：不能做到全员参与。大学生思政课自助式实践方式力求破解这个难题。教师根据教学计划布置实践任务，提出实践要求，明确实践范围，让全体学生在规定的时间内自行结伴或分组，围绕教材内容，结合现实生活，选择一个与现实贴近的主题进行调研，使他们从中受到教育、得到锻炼。这是高校思政课运用自助式实践教学方式最重要的意义。

2. 可以促进思政课与专业课之间的互动

高校思政课不仅是一门理论性很强的课程，其教学内容涉及经济、政治、文化、哲学、历史、法律、军事等各个方面，而且面向全校学生开设，学生来自不同学院的不同专业。在思想政治教育中，如何实现思政课和专业课之间的互动，一直是教育工作者不断探索的一个问题。无论是思政课还是专业课，两者都承担着育人的重要职责。一方面，大学生把自己所学的专业知识运用于思政课实践教学中，可以增强他们的自豪感和责任感。另一方面，思政课和专业课的“互动”关系，主要体现在专业课的实践教学中，如实验教学、专业实践、毕业实习等。专业实践教学往往都有专项经费做支撑，甚至还有专门的实习基地。思政课实践教学可以利用这些有利条件，针对不同专业学生的不同情况提出不同的选题，以实现资源共享。自助式实践教学方式有利于大学生把思政课与专业课有机结合起来，使两者在方式、内容、效果上进行互动，能够充分发挥学生的主观能动性，提高思政课实践教学的实效性。

3. 有利于培养学生的创新精神和实践能力

大学生不仅要有丰富的知识，而且要有将知识转化应用的能力、实际操作的能力和创新能力。自助式实践教学方式的最大特点就是能让学生深入实践、亲身实践、亲力亲为，能够发挥学生的学习主体作用，激发学生学习的积极性和主动性。在实践教学过程中，大学生有充分自由的时间去安排实践活动，带着理论走向社会，又带着实际问题回到课堂，使自己的辩证思维能力得到锻炼；也发展了学生的个性特长，开阔了学生视野，培养学生动手动脑的能力，增加了实践教学形式的灵活性和趣味性。它体现出教学的开放性、主动性、启发性、探究性等特点，使学生在实践中锻炼自己理论联系实际的能力，培养他们敏锐的观察力、清晰的判断力和创新精神。因此，自助式实践教学使大学生以亲身体验来发现知识、获取知识，不断完善已有的知识结构，不仅增强学生学习的自主性，而且激发学生独立思考的能力，更有利于培养学生的创新思维和实践技能。

（二）拓展思政课自助式实践教学平台

作为一种创新形式，自助式实践教学主要是满足大学生自主学习的需求，在一定程度上对思想政治理论教学进行了重要的补充。“要尊重大学生的主体地位，变革传统的填鸭式教育方式，使大学生在思想政治教育过程中真正体会到愉悦和幸福。”

1. 校园实践教学平台

大学生学习、生活的场所主要在校内，因此我们在创新实践形式过程中，要充分考虑立足校园。校园文化活动素有“第二课堂”之称，它被认为是思想政治教育在空间上由课堂向课外延伸的具体体现，具有明显的针对性、趣味性、灵活性，是重要的思想政治教育阵地。通过组织校园内各种文化活动，让学生自助式参与实践，充分发挥他们的积极性、主动性、创造性，提高学生的学习兴趣，激发学生的学习热情。

大力建设校园文化是新形势下大学生思想政治教育的有效途径，具有重要的育人功能。借助校园平台，大学生可以根据自己的兴趣爱好自主选择形式多样、丰富多彩的校园文化活动，如环境保护、知识竞赛、辩论赛等，在活动结束后要写出活动经过、自己在活动中的感受及受到的教育。自助式校园实践充分运用了校园实践教学平台，通过积极开展多种形式的校园文化活动，让学生以自助、自由、自主的形式来参与实践教学，不仅可最大限度利用现有的资源，使学生潜移默化地受到熏陶和感染，而且也提高了他们的参与意识和学习的主动性、积极性。

2. 社会实践教学平台

社会实践是大学生走向社会的一个很重要的锻炼环节，能帮助学生直接了解社会、融入社会，也是教育与实践相结合的具体体现。让课堂走向社会，就是将小课堂搬到大社会、融入大社会，让学生在亲身社会实践中认识一个个社会热点话题，从中深化认识、磨炼意志、体悟政治理论、增加政治认同感。

按照一般的思路和观念，实践教学就是要求大学生走出校门，通过参观、调查研究等方式接触和了解社会。然而由于受到时间、地点、费用和安全等因素的制约，导致一系列教学方案和教学计划无法实施，这是制约当前高校思政课实践教学顺利进行的最大问题。自助式社会实践在一定程度上破解了这个难题。它是指在一定目标指引下，学生根据自己实际情况，就近就地选择一种校外实践方式。一是学生可以根据自己的居住场所选择社会实践的地点。以上海为例，学生如居住在徐汇区可以选择实践地点是钱学森图书馆；学生如居住在青浦区可以选择实践地点是陈云故居暨青浦革命历史纪念馆；学生如居住在黄浦区可以选择实践地点是中共一大会址。二是把实践教学与大学生社会实践活动结合起来。大学生社会实践活动包括“三下乡”活动、青年志愿者服务活动、暑期社会活动等，这些活动使他们将理论带进生活，增加了大学生学习理论的历史纵深感和现实真切感。高校应搭建起大学生进行社会实践的大平台，把思政课实践教学和大学生社会实践结合起来，让专任教师介入指导学生进行社会实践，不仅丰富了学生实践教学内容，而且提升了实践教学质量。三是充分利用有教育意义的公共场所。高校应抓住中央规定“各类博物馆、纪念馆、展览馆、烈士陵园等有教育意义的场所，要对开展思想政治理论课实践教学实行免票”的机会，围绕教学重点内容，就近遴选一批切实可行的教育实习基地用于思政课实践教学，实现资源共享。

3. 网络实践教学平台

大学生对于互联网的使用，则具备前所未有的深度和广度，以网络学习、网络聊天、网络购物、网络交友等形式为主的虚拟交往已成为大学生生活和学习的有机组成部分，使其成为真正的“互联网一代”。在网络化影响日益增大的背景下，学生的独立性、自主性不断提高，思政课实践教学也要紧跟内外环境的变化，与时俱进地调整教学形式。

高校思政课囿于实践教学条件的限制，教师可以以网络为依托，以虚拟空间为场所开展“虚拟实践教学”。可以说，它是思政课教学与网络对接的产物，其优势和特点是：具有一定的现实超越性；充分彰显学生的学习主体地位；增添学习过程的探索性、创新性。自助式网络实践教学可最大限度满足学生的自主性、多样化需求。一方面，大学生可以利用网络技术进行虚拟实践。如艺术专业的学生可以通过互联网虚拟地参观一些艺术展览；化学化工专业的学生可以通过虚拟的实验室做爆破实验而无危险；医科专业的学生可以在虚拟实验中进行解剖；经济专业的学生可以通过虚拟股市培养实战能力。另一方面，为大学生自主学习创造良好的教学空间。网络搜索已经取代教师、同学、图书馆成为大学生解决学习难题的首要办法。其中，专业数据库和网络课程是大学生经常使用的学习方式，也是大学生获取学习资料的重要来源。

（三）开展自助式实践教学应注意的问题

1. 建立起自助式实践教学管理制度

有效的思想政治教育实践教学管理机制关系到自助式实践教学的顺利运行和落实。一是建立健全领导机制和管理机制。自助式实践教学需要学校各级部门相互配合，做到统一规划、统筹安排，才能保证实践教学持续、有效地开展。要成立领导小组，由学校领导和相关职能部门负责人组成，做好指导、检查工作，在计划制订、资源利用、政策措施等方面统筹兼顾。要成立工作小组，由专职教师组成，具体实施教学计划，及时解决实践教学中遇到的难题。要成立咨询小组，由兼职教师组成，负责实践教学相关问题的答疑。二是加强制度建设，逐步建立长效机制。自助式实践教学涉及面广，具有多重目标，过程纷繁复杂，必须制定实践教学大纲及专门的实践教学文件，明确其教学目的、要求、方式、组织和考核等。三是建立实践教学网络管理平台。随着信息技术的迅速发展，自助式实践教学可借助网络平台构建实践教学管理系统。

2. 健全自助式实践教学保障机制

自助式实践教学必须充分利用校内外一切教育力量和教学资源，建立健全实践教学保障机制，使实践教学环节不断朝着科学、规范的方向发展。一方面，加强师资队伍建设，提高教师的实践教学素质和能力。在实践教学中，教师应在学生选题时提前把关，学生设计实施过程的时候要跟进，全程指导学生开展自助式实践活动。上海立信会计学院为实现思政课实践教学对全体学生与全部课程的两个“全覆盖”，不仅强化教师指导培训，而且把组织实践教学的要求写进青年教师指导培养计划，在试点基础上逐步推广到每一门课和每个教师，定期研讨，加强指导。现在，实践教学已成为学校层面的制度规定和所有教师的自觉行为，成为全体教师约定俗成的统一行动。另一方面，推行“实践教学课程化”，建立实践教学课程体系。高校应切实转变认为实践教学无足轻重的观念，要把社会实践纳入课程化建设的轨道，建立完整和相对独立的实践教学体系。根据相关规定，上海立信会计学院思政教研部将“思想政治理论实践”课程进行独立设置、单独考核，不仅建立起实践教学课程体系和课程资源体系，而且提出了破解当前推进实践教学的学分难题和教学管理难题的思路。

3. 构建自助式实践教学评价体系

为了确保自助式实践教学的效果，必须建立一套科学规范的考核评价体系。一是制定合理的考核评价制度，构建起良好的考核机制。合理的评价体系不仅能够使学生重视实践教学，还能提高实践教学的质量和效果。自助式实践教学评价体系既要对教师进行考核评价，也要对学生进行考核评价。对教师的评价，可采取学生评教、同行评价相结合的方式。对学生的评价，可采用“三位一体”考核评价制度，即小组事先根据实践要求进行自评，小组之间进行互评，教师根据学生参与实践教学的程度、综合表现和实践作品完成情况进行评价。在自评、互评、他评的基础上制定详细的评价标准，形成比较系统科学的评价体系，以确保评价的公正性、准确性。二是建立实践教学质量监控体系。大学生应利用双休日等课外时间，采取自由组合（一般以寝室为单位）、分组结伴（组长负责，既为人身安全，又可互相监督）的形式，按照实践教学的目标和要求，分组进行自助式社会实践。考察结束后要进行交流讨论，并分组填写《社会实践表》，突出实践过程、讨论发言情况和心得体会三方面内容。三是不断完善实践教学激励机制。在实践教学过程中，对于有突出成果和重大贡献的学生和教师，应给予相应的奖励，以此激发他们的积极性、创造性。良好的激励机制可以促使教师认真指导实践、学生认真参加实践，进一步提高思政课实践教学的整体效果。

在新的历史条件下，高校思政课实践教学必须不断变革和创新，以改进教学形式、教学方法和教学手段。自助式实践教学不仅可以弥补传统实践教学的不足，而且将思想政治教育内容以大学生喜爱的方式呈现出来，融思想性、知识性、趣味性于一体，最大限度地调动学生学习思政课的积极性和主动性。

参考文献

[1] 蔡帼芬，张开，刘笑盈．媒介素养 [M]．北京：中国传媒大学出版社，2005．

[2] 宫承波．新媒体概论 [M]．北京：中国广播电视出版社，2009．

[3] 欧阳友权．数字媒介下的文艺转型 [M]．北京：中国社会科学出版社，2011．

[4] 张耀灿，陈万柏．思想政治教育学原理 [M]．北京：高等教育出版社，2001．

[5] 谭天．新媒体新论 [M]．广州：暨南大学出版社，2013．

[6] 冯刚．习近平关于大学生思想政治教育论述的理论蕴涵 [J]．重庆大学学报（社会科学版），2018，24（3）．

[7] 冯刚．互联网思维与思想政治教育创新发展 [J]．学校党建与思想教育，2018（3）．

[8] 冯刚．思想政治理论课与日常思想政治教育协同育人的理论思考 [J]．学校党建与思想教育，2017（21）．

[9] 石书臣．同向同行：高校思想政治教育协同创新的课程着力点 [J]．思想理论教育，2017（7）．

[10] 王双阳，张景书．新媒体时代高校学生思想政治教育工作的协同创新 [J]．继续教育研究，2015（1）．

[11] 叶桑．新媒体时代大学生思想政治教育价值理念创新研究 [J]．伦理学研究，2014（1）．

[12] 董召勤．新媒体时代大学生思想政治教育创新 [J]．学校党建与思想教育，2013（25）．

[13] 杨志群．网络时代大学生思想政治教育面临的挑战及对策 [J]．教育探索，2012（9）．

[14] 冯刚．党的十六大以来大学生思想政治教育的创新与发展 [J]．中国高等教育，2012（18）．

[15] 李文政．网络时代思想政治教育面临的机遇和应对措施 [J]．山东省青年管理干部学院学报，2003（1）．

[16] 殷俊，何芳．微博在我国的传播现状及传播特征分析 [J]．河南大学学报（社会科学版），2011，51（3）．

[17] 高爱芳，高卫松．对大学生使用新媒体的调查分析及德育引导 [J]．思想政治教育研究，2010，26（1）．

[18] 李遥. 互联网对高校思想政治工作的影响及对策 [J]. 南京航空航天大学学报（社会科学版），2002，4（1）.

[19] 郑寿. 基于新媒体议程设置的高校思想政治教育实效性研究 [J]. 西南农业大学学报（社会科学版），2013，11（4）.

[20] 季海菊. 跨界思维：新媒体视阈下思想政治教育载体选择的一种理性向度 [J]. 南京邮电大学学报（社会科学版），2010，12（1）.

[21] 邓红彬. 论新媒体环境下大学生思想政治教育载体创新 [J]. 重庆交通大学学报（社科版），2011，11（1）.

[22] 卢勃. 论新媒体视角下研究生思想政治教育变革 [J]. 当代教育理论与实践，2013，5（1）.

[23] 张再兴. 我国高校网络思想教育的十年历程与发展 [J]. 思想教育研究，2005（7）.

[24] 张永汀. 校园新媒体环境下高校思想政治教育途径创新 [J]. 中国石油大学学报（社会科学版），2011，27（5）.

[25] 徐振祥. 新媒体：大学生思想政治教育的机遇与挑战 [J]. 思想政治教育研究，2007（6）.

[26] 李晓莉. 思想政治教育协同创新研究 [D]. 兰州：兰州大学，2016.

[27] 刘胜君. 大众传媒的思想政治教育功能研究 [D]. 北京：北京交通大学，2014.